從覺知當下的心出發

德加尼亞禪師

目錄

四念處禪法簡介

禪師簡介

德加尼亞禪師（Ashin U Tejaniya）1962年出生於緬甸仰光的華僑商人家庭。幼時生性頑皮，十兄弟姐妹中唯一沒讀大學而幫父親經商的孩子。小時候，家裡管教不來，十三、四歲被送到寺院跟師父雪烏敏禪師（曾任仰光馬哈希中心大禪師，後自立禪修中心，著重以智慧、正確的心態為引導的四念處禪法）學法，初時不甚受教。雪烏敏禪師則視年輕的德加尼亞禪師為可教子弟，諄諄善誘，多年來不棄不離。德加尼亞禪師年紀漸長，在多年禪修的善法積累上，及有如慈父般的明師引導下，佛法在內心逐漸滋長，人也漸趨成熟。

禪師最初以在家普通商人身份進行禪修而取得很大的進步及利益，並克服了自身嚴重的抑鬱症。他修習的禪修方法是直接觀察每個當下的身心現象，因觀察心而瞭解心的本質，因瞭解而不受負面的心理活動影響，從而走上心靈快樂之路。

36歲時，禪師正式跟隨雪烏敏長老出家、修行及學法。長老入滅後，禪師成為在雪烏敏禪修中心教授四念處的禪師。禪師悲智雙運，以一己之力，在雪

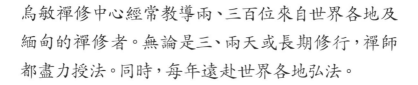

烏敏禪修中心經常教導兩、三百位來自世界各地及
緬甸的禪修者。無論是三、兩天或長期修行，禪師
都盡力授法。同時，每年遠赴世界各地弘法。

序

德加尼亞禪師（Ashin U Tejaniya）教法著重於讓禪修者先建立佛法中的正見，先明白因緣法，從而理解「無我」的理念。因此，對於身心的一切現象，要無分別心，皆因一切事物都依因緣法而運作，非「我」所有。再者，修習四念處時，禪師強調禪修者應帶著正確的心態：無貪、無瞋的心去如實觀察身心現象。禪師另一著重點是樹立正確的學法目的：培育智慧。因此，禪修是探索、瞭解身心真相，是明白身心現象的因由及結果。雖然所有禪法都強調培育持續不斷的覺知正念，但對於現代人，面對繁忙的生活和緊張的工作，正念綿延不斷地繫於簡單的身體現象或感受上，談何容易？但德加尼亞禪師所教的四念處禪法恰恰是他本人所修所得益的方法，是一套適用於一般人的生活，又能培養出善法及智慧的禪法。

本人有幸於2002年始修習南傳禪法，每年均赴緬甸長期修習四念處內觀禪；於2010年開始接觸禪師的教法，2011年雨安居期間，在雪烏敏禪修中心跟隨禪師學法；2012年開始，每年邀請禪師到內地及香港傳法。

　　多年來，無論是自己修習，或所見他人禪修，都深感禪師的教法彌補了現代禪修者對於佛法知見不足，以及急於求成的過患。佛法中的八正道以正見為領先，而佛法與別教所不同之處為「緣起法」及「無我」的真理。現代禪法上能融合正見及覺知為每個當下的觀照方法實是罕有。禪師來中國教禪，本人更有幸負責做翻譯，可以近距離接觸禪師，加深對禪師的瞭解，從中發現禪師性格活潑開朗，授法誨而不倦，對機施教。每遇難教的學員，則運用智慧探索問題所在。所以禪師每年的教法都稍有不同，更趨善巧，也令學生們讚歎其智慧的增長。

　　禪師教禪每以集體問答形式授法，不同於傳統的開示方法。多年來，其弟子將問答內容收錄編成英文書，並翻譯成中文版，包括有：《別輕視煩惱》、《僅僅覺知是不夠的》、《一切都是法》（德加尼亞禪師著，李名強譯）/《處處皆佛法》。

　　鑒於禪師已多次前來中國，他針對中國人的教法、學員所遇到的問題等與其他地域有所不同。中國的禪修學員對於禪師的教法亦頗為受益，每次禪修營結束後，均有大量法語流傳，有見及此，眾法友將歷次禪營的問答內容，加以整理，編集成《從覺知當下的心出發》出版，希望能讓更多禪修者受益。

由於在禪修營的問答過程，每位禪修者的問題略有不同、修行的程度也有不一、興趣亦有異；問題與問題之間可能完全沒有關連。對聽者而言，可能是茅塞頓開，也可能是索然無味。因此，我們編寫此書的宗旨是：（一）以禪師教禪的重心：正見、正確的心態為導向，使讀者能明白正見的重要性；（二）明白禪修的目的及利益；（三）禪法指導，以及怎樣對待禪修上的困難。並由淺入深，由初學的觀察單一所緣，如身體現象，至如何開放六根門、以心為所緣的觀照方法等；（四）怎樣在日常生活中的禪修。我們期盼此書能給更多對禪修未有認識的朋友，或資深禪修者均有所助益。

　　藉此衷心感謝動議及贊助此書出版的董京生居士及其家人，北京行者禪修會，袁曉微，參與筆錄禪營問答之師兄們：李偉俊、張磊、林谷、李慶威、何權津、趙慶梅、呂韋克、王玲、卞江、田恒、李天蕊、趙敬丹、張佩琦、常思賢、楊銳、楊小妹、胡慧儀、王麗亞、陳美容、朱麗珍、鍾進取、任瑞華、周建穗等。同時，感激參與整理、編輯校對的謝姿揚、張彩庭、何夢玲及鄭錦鳳等師兄。

　　禪師曾問家人，一生之中，自己有哪些東西是死時會覺得自豪而不枉此生的呢？他的兄弟姐妹

（都是博士或醫生）都不置可否。唯有禪師肯定的說：「智慧，是我不枉此生的收穫。」

在此，借分享禪師的智慧，祝福各位讀者在培育福德智慧的道路上，菩提上進、早證佛果！

香港慧觀禪修會導師

梅斯清

2016冬·香港

禪修第一課：
正見及覺知的重要性

禪修第一課：
正見及覺知的重要性

何謂禪修

　　首先，我們要知道禪修的意義是什麼？禪修就是培育心的美善品質，讓不好的習氣得以轉變。如果我們有正念、有覺知，善心就會開展；反之，如果沒有覺知，處於無明的狀態，煩惱習染就會生起。所以若要培育心的美善品質，便需要修習正念。

　　禪修是心的工作，不是身體的工作。那麼，要培育哪一些美善的品質呢？我們要培育的，其中包括五種心的能力（五根）：信、精進、念、定、智慧，讓這些品質增長強大。

　　禪修是培養覺知、培養智慧，探索、瞭解身心真相，明白身心現象的因果。

禪修的目的

　　禪修的目的及結果，必須是智慧的增長。在觀照的過程中，有時會有心的平靜、快樂和輕安等現

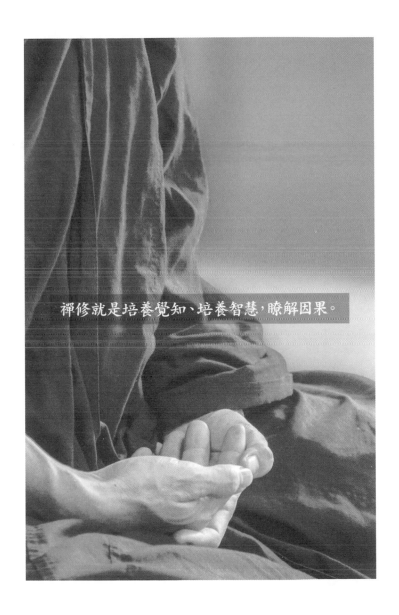

禪修就是培養覺知、培養智慧，瞭解因果。

象的呈現，這些是禪修的副產品，不是主要目的。禪修並不是為了安住於禪悅和心的寧靜當中，禪修是為了培育智慧。只有智慧才能淨化內心。

為什麼要禪修？因為我們想要明白真相。禪修的目的，是要明白、瞭解，增長智慧。

有人問，禪修對於命運的改變會起到多大的作用，「禪修」與「命運」兩者是否有關係？

我的回答：是有關係的，當下就在改變命運、改變業①。如果從現在開始，每個當下都是善的，從今以後的命運就自然改變了，並朝著善的方向轉變。

以正見、智慧為主導的禪修

談到修習正念，眾所周知有四念處②，指身念處、受念處、心念處與法念處，這四項是禪修的基石。而我所教導的禪修方法，是著重於那正在禪修的心，著重於「心」這個所緣③。

這個禪修方法和其他禪修方法的不同之處，在於重視態度、正見，以及禪修中思惟、智慧的重要性。

　　觀照當下的身心現象，是為了可以更瞭解身心。如果不知道當下正在發生什麼，那就是無明。換言之，每次當心覺知到當下的現象，我們已經防止了無明的生起。所以如果我們持續地保持覺知，心就會越來越覺醒，越來越敏銳。

　　心在觀察、在覺知的當下，就是在搜集資料，它不會改變任何事物，覺知的功能並不是移除或改變煩惱習染。只有智慧才可以移除煩惱習染。

　　我們為什麼要保持覺知？因為在有覺知的時候智慧才有機會生起，才有選擇的餘地；否則，我們的行為都只是慣性反應，基本上所有的慣性反應都是由煩惱所驅使的。有一分的智慧，煩惱就會減少一分；有十分智慧的增長，煩惱也就減弱了十分。

　　正見和正思惟非常重要，在八正道④中列於第一位和第二位，接著正語、正業等道支才會跟著來。

---

① 佛教認為業（kamma）是由心的企圖而引發的行為，包括語言及心理行為。而善業在因緣條件成熟時會感召善報，惡業會感召惡報。
② 《四念處》南傳巴利經藏，長部《大念住經》，和漢傳中阿含《念處經》。
③ 所緣（ārammaṇa）指覺知的心所知道的身心現象，又稱目標。
④ 八正道為佛教中的解脫之道，其八支為：正見、正思惟、正語、正業、正命、正精進、正念、正定。

正見指的是明白身心生起的所有現象皆是「自然的」，並不是「我」或屬於「我的」。正思惟不意味著要一直想、想、想，而是把思惟帶到正確的方向，往正確的方向去想。

我們要增長智慧，智慧增長了，其他的波羅蜜⑤會跟著一起來。

欠缺智慧的慈心，不是真正的慈心。欠缺智慧的忍耐只是硬撐，不是真正的忍耐。欠缺智慧的佈施也不是真正的佈施，因為在無明煩惱當中，譬如帶著很重的貪心，是沒辦法去佈施的，要付出慈心悲心也很難。

一旦覺知和智慧準備就緒，在有覺知有智慧的狀況下煩惱也就無法生起。對於已經生起的煩惱，也不要期盼它們快快消滅。譬如說，在一張凳子上已經坐了一個人，那你當然沒辦法坐上去；但這個人若離開，你就可以來坐了。讓覺知和智慧常常坐在那邊，心的位置被佔據了，煩惱就沒有辦法來坐這個位置，我們只能這樣預防煩惱。水火不容，水

已經在那裡了，火就燒不起來；而一旦火已經燒大了，如果水太少了就無能為力。看來，我們是不是要多準備點水呢？從早上睜眼那一刻，到晚上睡覺那一刻，都要保持覺知去觀察。慢慢地心就會明白，火起來了要加水，不要加油，加油只會越燒越大。

每刻有無數的心一個接一個的在生滅，但前一個心的品質會影響下一個心，它們有相互關係，而這些心可以是善可以是惡，心的品質傳承就是這樣。當下的心若有覺知有智慧就可幫助下一個心保持覺知，增長智慧。現在我們就是在培養善心、培養善法。禪修就是培養覺知、培養智慧，瞭解因果。

一切都是法

「一切都是法」是指當智慧現前，它能認知到一切都是自然法，能看到這些現象的本質。

禪修時無論接觸到什麼所緣目標，智慧都會了知為自然法。我們的身體和心是自然法、因緣法，其他眾生的身體和心也是一樣。所有的現象都

---

⑤　波羅蜜（pāramī）：修成正果所要累積至圓滿的主要元素。南傳佛教有十波羅蜜：佈施、持戒、出離、智慧、精進、忍辱、誠實、決意、慈、平等心。

是法,「看」是法,「聽」是法,「聞」、「觸」等所有六根門⑥能知的東西都是自然法。譬如眼睛的看到,是眼睛和色塵⑦的撞擊產生眼識,這些都是因緣法。

沒有智慧,看就是「我」看,聽就是「我」聽,是「我的」身體、「我的」心,「我」嗅到,「我」嚐到。如果用瞋心去看,所見的一切都是那麼令人厭惡。如果用善心去看,所見的一切就是如實的。所以問題取決於我們用什麼眼光去看待事情?沒有智慧的時候,看見什麼都不會明白那是因緣法。

相傳近代緬甸有一位阿羅漢叫孫倫禪師,未出家前曾是個農夫。有一天他到村子托缽,看到兩個村婦在吵架,他對身邊的人說,她們在法談。在他眼中,爭吵也是自然法的顯現。他只看到了瞋心,沒有在意「人」的概念,因為智慧明白到之所以會有這樣的爭吵現象呈現,是因為瞋心。所以說,一切都是法。一般人會認為她們在吵架,但是對於孫倫禪師來說就只是雙方的瞋心在生起而已。大家對待這件

事的觀點不一樣，解釋就會不一樣。煩惱用概念法⑧
來演繹，智慧卻看到真實法⑨。

正確的心態

我們必須帶著正見以及正確的態度來禪修。正見是明白身心當下所有的現象都是自然法。正確的心態是接受一切發生在身心上的現象，無論是愉快或不愉快的經驗，都抱持著從這些經驗中學習和瞭解的態度。

我們需要大量的練習、修習，來培養心的善巧，來幫助我們更瞭解心。要經常檢視內心有沒有帶著貪心禪修。禪修的時候一定不要帶有想得到什麼的心態，倘若帶著貪心去禪修，一定會有麻煩。如果心沒有期望，只是單純地去練習，智慧就會成熟、會開發出來的。所以要經常檢視自己的內心，在觀照的時候有沒有貪，因為我們本性上就有很多的貪、貪愛。

---

⑥　六根門：人的六種感官器官：眼、耳、鼻、舌、身、意。

⑦　色塵：能被眼識所辨認出的物質。

⑧　概念法：思想構造出來的概念、想法，並非真實存在。但這些想法也可以基於真實法而構成。

⑨　真實法：能被經驗及認知的現象，它們的存在並不依賴於思想、語言。依據阿毗達摩，真實法有四種：「心」、「心所」（名法的一種，和「心」共生、共滅）、「色」和「涅槃」。

一生中,很多時候都是貪在推動我們的身、口、意,貪已經是我們的習性。禪修的時候,貪心也常常駕馭我們,所以要經常檢視和觀照當下的心,有沒有貪心在背後主導。尤其是修習止禪,一邊專注、一邊帶著貪心去培育專注力的時候,貪心便會更強,所以帶著貪心去修行是不正確的。

我們可以檢視一下自己的心,如果當下帶著想得到什麼結果的想法去禪修的話,就是有貪的成分在裡面。禪修的心必須是善心。如果當下禪修感覺很苦,可能是因為方法不正確,或者心態不正確。

禪修的時候,不要帶著貪、瞋、癡去修。禪修就是專心培育自己的心,讓善心增長,讓不好的習氣得以轉變,這就是禪修,就是培育波羅蜜。好的心培育它、強化它,變成一種習慣,我們就叫它波羅蜜,十種波羅蜜都是善心的元素。不好的心,有時會很強,表現為不好的習慣,我們就叫它:習染或習氣。

習染或習氣生起時,觀察它,讓它發生。因為你還不瞭解它,去看它為什麼會這樣,看它的起因是什麼。通過觀察,你才會真正知道。

禪修中沒有錯誤,只有學習,如果能夠知道自己錯了,那就是一堂很好的課。

令色身呈現各種現象的因緣條件有很多，可能是業、環境和氣候、食物，當然心也會影響色身。所以生病的時候，心有時可以影響身體而使疾病康復，但許多時候也未必如此，因為如果其他的因緣條件改變不了，色身的病況還是會持續的。

　　曾經有八、九位臺灣禪修者到雪烏敏禪修中心禪修，他們來禪修的原因是曾經看過《法的醫療》一書。不知道大家看過沒有？很多人都看過，這本書應該是馬哈希中心以前的故事，記載禪修能治病的實例，包括癌症等很多病都能治好，這些禪修者是帶著貪心想要治病而來禪修的。沒有正確的動機，完了！因為貪心驅動，所以很用功，修了六個月後，頭疼呀，身體其他的病等等反而更多了，他們就來問我，我觀察他們之後，知道是因為他們禪修時在貪的役使下心裡緊繃，導致生起了更多的病。所以有時候有些病是心病，禪修有可能可以改善，但是由於業或其他原因等所導致身體的疾病，並不是禪修就可以改善的。最後，我向他們解釋禪修應有的正確心態，他們就能放鬆下來了。

　　另外一個例子是，有一個禪修者有胃病，要動手術，但是家裡經濟不寬裕，他內心也不想動手

術，就去雪烏敏禪修中心禪修，一個多月後，回到家去檢查，發現確實不需要動手術了。這個病好轉，是因為他的心情等種種因素的影響。

不要害怕禪修會讓心變得瘋狂，其實，這顆心本來就已經是瘋狂的。讓心瘋狂的是煩惱，我們必須脫離煩惱的瘋狂。想知道自己有多瘋狂嗎？當你生氣的時候去照照鏡子吧！在禪修過程中，有些人體驗到心變得不平衡，那是因為錯誤的修習，一般都是因為帶著貪心修習。

有人問，如果今天修葛印卡，明天修帕奧，後天修雪烏敏⑩，總是在換不同的禪修方法。這樣的話，是否會有問題？

我的回答：首先要檢查心的態度是否正確，看看心對當下發生的現象抱著什麼態度。如果態度是

正確的，那麼用哪一種方法都沒關係。

禪修的重要性

有兩個人，其中一個人知道自己在做什麼、在想什麼、在感受什麼、為什麼這麼做、背後的動機是什麼。另外一個人不知道自己在做什麼、不知道在想什麼、不知道在感受什麼、也不知道自己這麼做背後的動機。

這兩個人很不同，一個有覺知，一個沒有覺知。第一個是一個「人」，另外一個人可以說差不多是動物。大部分人只是有人的形狀，內心卻很多貪，很多瞋，心在做很壞的事時也不自知，那麼他就跟動物沒有什麼分別。我們要做個真正的人，正念的修行讓我們做真正的人，有覺知、有智慧才是真正的人。

禪修的心：
如何開發五根及培育智慧

禪修的心：
如何開發五根及培育智慧

　　禪修是培育善心，它們主要有五種──五根，即信根、精進根、念根、定根及慧根。覺知時，這五根需要平衡，它們要同時一起工作。覺知比較強的時候，就是五根平衡地一起工作著。有些人的信根弱一些，或精進根較弱，或者慧根較弱，那樣就不平衡了。

信根

　　信（Saddha）是信仰、信心、或者信任。練習禪修的時候，所有心的能力，包括「信」都應該增長。在對自己的信心，對我們禪修的能力，對禪修的理解這些方面，都應該會有所增強。只有當我們信任某事並且對它有信心時，我們才能真正致力於它。我們必須意識到我們擁有的信念（無論多或少）。因為信念，我們才能保持在修行的道路上前進。

　　那些知道怎樣正確地思惟或智慧比較強的人，會有強大的信仰。但是如果沒有智慧去平衡信仰，信仰可能會變得盲目。要知道信仰是否在增長，

我們可以檢查自己。我們真的知道並且瞭解我們從禪修中獲得的利益嗎？在開始禪修之前，我們有多少信仰，現在又有多少信仰？覺知自己的信是非常重要的。大多數人都已經聽過五根的平衡，並花費許多時間試圖去平衡精進和定。但非常少的人知道或者去做任何信與慧的平衡。那些非常理性，並且思考得太多的人，他們的信很少，因為他們過度質疑。但另一方面如果某人有大量的信，但從不質疑，智慧也會變弱。

傳統上，信被解釋為對三寶的信心或信仰。但是一個剛剛開始修學佛法的人，怎麼可能對三寶生起真正的信仰？一個禪修者首先所需要的信心、信任、或者信仰，是他對自己正在做的事情的信任和理解。正確地思惟，從而正確地修習的人士會發現，最後他們的興趣和信心會自動增長⑪。

精進根

正精進的意思是堅持不懈。它並不是說努力去專注、控制、強迫，或者壓抑自己；而是帶著正見和正確的態度持續地去觀察身心生起的現象。

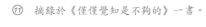

⑪　摘錄於《僅僅覺知是不夠的》一書。

正精進是提醒自己去覺知，而不是使用精力去聚焦在一個目標上。

如果你在傍晚時開始感到疲憊，那你很可能是在白天使用了過多的精力。一整天持續的覺知，到傍晚時禪修應該獲得慣性，不應該感到這麼精疲力竭，所以不要使用過多的精力試圖去增加正念，只要不斷地提醒自己保持覺知就可以了。

念根

保持正念並不需要高強度的精力。當我們覺知當下時，就能夠覺知到正在發生什麼，提醒自己覺知當下，就是保持正念所需要的全部精力。

定根

正定（Samādhi）並不是專注或者聚焦。正定的意思是心的寂靜、穩定和安寧。

邪定其實是心專注的動機不對，動機帶有貪欲。舉例來說，有一些人去打獵，他們也是很專注的，也是有定，但這樣的專注是煩惱驅使的，那是邪定，是不善的。有智慧的定，才是正定。有人在禪修營裡感悟到正念好像比定更重要，其實，最重要

的是正見。定和念必須是在一起的，不是說哪一個
比較好，它們是一起工作的兩個心的功能。

慧根

當智慧、慈心、悲心等善心增長時，瞋心和煩
惱自然就會減弱。專注不能根除煩惱，只有智慧才
可讓心真正解脫。一個有抑鬱的人很專注在某所
緣上的時候，在那段專注的時間內抑鬱會暫時停
止，可是一不專注時抑鬱又馬上回來。這個心的品質
就像水跟火，有水時火就小，水沒有了火就變大。

心有正見、有智慧，才能把煩惱放下，大家都說
想放下，但其實以我們自己個人的力量是放不下的，
只有智慧和正確的態度才能放下煩惱。

五根必須要全部一起工作，要平衡才行，定與
精進必須平衡，智慧和信心也要平衡。正念可以檢
查到另外四項（定、精進、智慧、信心），發現若有不
平衡，就可以去提高較弱的那一項。

智慧的開發：聞慧、思慧、修慧

覺知的時候，我們必需要運用已經聽聞過的佛
法（聞慧）配合覺知，這就是思慧。在修行時也得用

智慧的特質是它總是會抽離地、
客觀地去觀察、去分辨；
而貪執的特性則會參與到所緣裏，
跳進去，去黏著、去執取。

上正思惟——思慧。我們聽聞、閱讀來的佛法，跟我們去思考佛法，這兩個都要跟著覺知一起用。簡單來說，修行的時候，必須帶著智慧去覺知。

心一直都在用覺知搜集資料。資料具足時，心明白的東西便會增長。之後資料再多一點的時候，瞭解又會增加一點，智慧又多一點。根據自身體驗而得到的智慧就是修慧。

智慧的取向

智慧看事物不會只看一面，會看兩面、四面、八面，而且能從很多不同的角度來看同一件事。有一位禪修者問，我們常常談及智慧，智慧到底是什麼？我告訴他，有一個數字「9」，在這邊看來是「9」，另外一個人從他那邊看卻是「6」。我們一般理所應當地認為它就是「9」，我們不能理解明明是「9」，為什麼另一個人偏偏說是「6」，還和那個人爭吵起來。智慧就是能夠改換角度，明白在這邊看來沒錯是「9」，但也明白從另外一邊看是「6」。智慧會從多方面、多角度去看，去明白。

如果心明白什麼是錯的，那麼也會明白什麼是對的，兩面都能看見就是智慧。如果明白什麼是有

益處的、利益在哪裡；那麼也會明白其反面，什麼
是沒有益處，什麼是有過患的。

聰明人、有智慧的人，既知道黑也知道白。

如果我們認為事物只是單單一面的，心就會執
著，想把它抓住。其實並不是這樣，事物有兩面、四
面、八面。把心打開，就可以明白多一些。

因此，由智慧引發出的思惟，會想：什麼因緣造
成這種現象？怎樣成就這個因緣？這就是智慧導向
的思惟。貪心想得到結果，智慧也會有目標，兩者的
分別在哪裡？當貪心得不到想要的結果時，瞋心就
會生起，但當智慧得不到想要的結果時，它不會生
氣，它會想為什麼沒有達到結果，是什麼因緣條件
不足，並盡力改善不足之處。智慧著重因，煩惱著重
果，這就是兩者的分別。

禪修的過程

禪修的過程，其實是在覺知中搜集資料，圓滿
時自然就會產生理解。這些資料並不只是表面的，
而是全方位的，進而可以藉此產生智慧。當心觀察
到事物的全景時，就會逐漸理解因果，心自然會瞭
解，什麼是好的、什麼是不好的，例如觀察念頭，不

善心不斷生起，一次、兩次、三次、四次……我們也持續地保持觀察，一次、兩次、三次、四次……心便會逐漸明白，這些不善心是無意義的，是我們無法從中獲益的。

因為覺知，我們才得到理解。禪修時我們不需要停止思惟，思惟是自然法，是所緣的一種，我們需要覺知思惟在生起，但並不參與或迷失在故事內容裡，我們要去理解，智慧才有機會生起。正念根據我們自身的體驗，觀察當下發生的事物，而不是靠思想。舉例來說，很多孩子不知道火焰的溫度極高，即使有人告訴他，但如果沒有自身體驗，孩子仍然不能理解；只有當他親身體驗，感覺到火焰的熱度或者被燙到了，才會真正理解。沒有自身體驗的話，很多時候心只是在想像，很可能出錯。

佛教和哲學的不同，在於哲學更傾向思惟層面，偏重邏輯架構，而非個人體驗；佛教則強調實修，從真實的體驗當中獲得智慧。例如，當我們從未去過某地方時，我們只能從書本、視頻等知識層面去試著想像，但當我們親身到達那處時，往往會發現體驗和想像中的完全不同。學習開車也是一樣，我們可以通過觀察別人開車來獲得駕駛知識，但那不是實際經驗，和自己親自開車完全不同。

禪修中的實修實證，和普通知見的理解完全不同。有人向我們生動地形容美食的滋味，但只有我們親自品嘗後，才能得到真正的體驗。

覺知的時候是誰在作主？是覺知在作主嗎？我是生命的主人嗎？還是另有一個生命的主人？智慧，是主人。

禪修一開始，當心還不是很善巧的時候，是覺知在帶頭；然後，跟在覺知的後面智慧就有機會慢慢的生起。禪修其實就是嘗試的過程。剛開始是覺知在前，智慧在後；然後是覺知和智慧一起工作；隨著智慧的增強，慢慢地就是智慧帶頭，覺知跟隨著智慧走。

當禪修者瞭解了正確的禪修方法，智慧和專注力都會增長，禪修也會更順利。聽聞佛法，進而正確的修習，自然會有好的結果，禪修也會隨之進步，這就是聞思修的過程。

我們學習佛教經典，聽禪師小參以及其他禪修者的報告，再結合自己的實際經驗，修行就會進

步。聽法時，去思惟、去理解，也是禪修的一部分，因為智慧在增長。有些人不喜歡思考，只是很認真的專注。如此一來，他們往往忽略了自己智慧的培養，更忘了需要不斷總結經驗，所以常常原地踏步。其實，禪修、學習或要掌握一門技術，都需要運用智慧。

有覺知的時候，智慧才會生起。智慧明白什麼是需要的，什麼是不需要的，明白事情應該怎麼做。例如，禪修時沒有必要把動作過於放慢，你可嘗試放慢動作或加快動作，要找到平衡點，智慧能找到平衡點。動作很慢時，心要知道動作很慢；動作很快時，心要知道動作很快；然後，慢慢地心就會知道，到底需要多快或需要多慢。

如果在生活的小事中，不能令心生起一點點智慧的話，解脫的智慧怎麼可能生起？所以小小的領會也是很重要的，一點點、一點點，慢慢地領會就會增多。

我們跟禪師學法，需要思惟才能明白、理解。之後去修習，運用自己的經驗再去領會修法的利益及用處，這就是培育自身的智慧。不加分析及理解的盲目服從，有礙智慧的培育。當然，有疑問時，能請教禪師是最理想的。

　　法是自然的東西，修行是沒有捷徑的，如同種花一樣，要施肥、要澆水，讓它慢慢生長，不能揠苗助長，心急反而誤事。你越想要快，成長就會越慢。

　　如果我們對佛陀有感恩的心，就應該更努力地去禪修。努力去修佛陀的法，按照佛陀的教導去做，而不是只念他的名號。能每時每刻都盡可能地依照佛陀的話去做，這就是對佛陀最高的敬意。以身口意⑫去實踐佛陀的教導，依此培養智慧，我們應該用這樣的方式來禮敬佛陀。

以智慧引導的禪修

　　要有效地修習正念，我們必須瞭解正見。正見就是運用智慧。帶有覺知和定的心簡簡單單地去觀察，不久我們便會把心看成是自然的，不是「我」，也不是「我的」，心是自然的現象，沒有一個人在那裡。禪修就是去明白、領悟這自然法。

　　禪修時怎樣正確地去看我們的經驗？我們要把經驗看成是自然的，自然就是因果的過程。所有的經驗都是自然的過程在發生。

　　當下的身心無論發生什麼現象都不是「我的」責任，只是因緣和合生起的自然現象。我們無法控

制這些現象如何發生，我們的責任是保持覺知，接受當下的狀況並從中學習。持續的覺知就是學習。但並不只是盲目的覺知，是要帶有智慧地覺知，需要在當下的經驗中探索和學習。

我們要保持覺知，要有正念，是因為我們想瞭解這些經驗。每次覺知時，覺知會有兩個作用：第一是收集資料，第二是強化覺知本身。所以無論任何時候我們都要不間斷地保持正念。

覺知並不把事物分辨為好或不好，對或不對，只是如實覺知。如果我們覺得這些東西是好的，心裡就會說「哇！這個真好」，這就會有貪執；如果我們覺得這個是不好的，那麼抗拒的瞋心就會生起。智慧不會刻意區分什麼是好、什麼是不好，它會想，什麼是有益的、什麼是無益而導致痛苦的。

有些人批評佛教消極，講一切都是苦的、無常的。事實並非如此，佛陀教導的是正確的見解及心態，是如實知、如實見。

我們要試著這樣去禪修，以智慧作引導。

---

⑫　身口意：分別是身體行為、說話、思想及意圖。

苦（Dukkha）

　　心瞭解苦的時候，貪就會減少，心就會更自在。是不是真的瞭解苦，可由此來衡量，可以自己去檢視。

無我

　　覺知的心，每刻都是新的，是自然而不是「我」或屬於「我的」。因為有邪見，有錯誤的想法，所以我們以為是「我」。絕大多數的人們生活在無明之中，認為身體、心是「我的」，這樣不瞭解自然法、因果關係的認知就是無明。如果有正見，慢慢地便會明白到這個「我」是概念法，並非真實法。

　　事實上有很多很多的心⑬在發生，一秒鐘有幾十億、幾百億的心一個接一個的在生滅，每一個都是新的，也是依於因果關係的。你已經可以看到很多很多不同的心，它們各有各的功能，各做各的事。但是沒有正見的時候，我們把這些在一起運作的東西看成是「我」，繼而產生我執。我們必須去觀察，一次、兩次的明白是不夠的，要觀察很多次、很多次……讓領會增強，當煩惱減少的時候，明瞭的心也會越來越強。

　　一般來說，禪修者所謂的正見都是二手的資訊，大多是聽來的，是基於思惟層面的，而非內心

的深層體驗。然而，無明是何等的根深蒂固，即便有時候我們可以明白，但未必經常通透。

舉個例子，有一個禪修者，對修習方法很嫻熟，專注和覺知也都很強，但某一刻在禪修中突然發覺身體消失，當下恐懼生起，這是因為覺得身體是我的，身體消失了就意味著自我消失了。自然生起了恐懼，也就是不善心。雖然這個禪修者已經具備了一些理解，但智慧仍然不夠。其實，身體並不會消失，只是那一刻可能禪修者正專注於覺知心的運作，沒有在想身體的概念或覺知身體的感受，所以當時突然感覺好像身體消失了。但只要張開眼睛，身體當然是在的。

因此，除了在思惟層面，還要從實踐層面去觀察和理解，建立正見。

又例如瞋心，這是不善法，與無明一同生起，也源於錯誤的見解（邪見）。瞋心生起時，我們經常會批判、批評自己或其他人，覺得自己不好，原因在於不明白瞋心不是屬於我們自己的，是一種每個人都可以經驗的現象，是自然法。因為有如此錯誤的見解，所以一有瞋心生起就認為是我錯了，我要改

---

⑬ 心：意識，認知的功能。

變。這「自我」的見解本身就是邪見,也因此延生煩惱和痛苦,更增強了瞋心。

我們對於「我」的執取,很深層、很強大,且歷時悠久。如果覺知和智慧能像邪見那麼強大的話,那麼無明就會慢慢瓦解。如果覺知和智慧能持續的話,邪見也就不會每時每刻都在。

「無我」⑭並非消極地隨順因緣,不主動作為。倘若是這樣來理解「無我」,此人肯定會流於懶散怠惰。有些佛教徒就很消極,認為反正什麼都沒有自主性,我就隨順因緣,發生什麼都沒關係,這是不正確的。「無我」的意涵,是指沒有一個所謂「我」的身體和思想、念頭,有的只是因緣法⑮。佛法的精髓或說無我的要點,就是因緣法。

在印度有一種邪見,認為一大劫之後世界終將毀滅。有的人聽信了這個論點,就覺得什麼也不用做了,因為到時候一切都會蕩然無存,不論做什麼事,不管好事壞事到時候都會一筆勾銷,既然如此,人們就可以為所欲為。邪見有很多種,這就是其中一種。

在佛法中我們能明白因緣法。了知因緣法和無我,是很重要的。如果佛陀沒有出世,人們或許可以理解某個層面上的苦和無常,但是對無我和因緣法是不可能瞭解的。

色身

支持身體的有四個因素，包括營養、氣候時節、業力和心。禪修的作用是淨化內心，如果身體的病痛是由不善心引起的，禪修會有幫助；至於其他原因導致的身體病痛，禪修則可能無能為力。例如某人胃疼，不一定是心的關係，可能是因為遺傳，或是吃錯了東西而引起的。曾經有一些人去緬甸禪修，他們誤以為禪修可以醫治百病，因為有這個期待，所以特別用功。結果不只是舊的病痛沒有醫治好，還增加了新的病痛。這是因為他們帶著貪心禪修，問題只會增加不會減少。

在生病的時候，如果再加一些貪瞋的煩惱在內心的話，病可能會更嚴重。

止禪及觀禪

在修習「Vipassanā」，或者稱之為「內觀」的時候，不需要很深的禪定，只需時時刻刻心的穩定就可以了。

---

⑭ 無我 ： 佛教認為一切現象均為因緣和合而成，因此，並沒有一個恆常不變的靈魂、自我或我的個體存在。人因為無明而產生錯誤的見解認為有一個「我」可以自主一切。

⑮ 因緣法 ： 佛教中的核心教義是心一切事物皆為種種因緣條件和合而成，因緣離散而消失。其中並沒有恆常不變、具主宰性的實體。

因為修習內觀時，必須知道身、心不同的所緣，而止禪只有一個所緣，如果我們只專注一個所緣，就沒辦法修內觀。

修止，是一個要用精進力來靜止內心的一個過程；修觀，是一個發現與學習的過程，通過觀察而瞭解的過程。

在觀禪裡面，大致有兩類方法：一類方法會比較注重觀照單一所緣，譬如呼吸、腹部起伏等等。要求盡量能清晰地觀照所緣，所以要運用相當的精進力及專注力。另一類，就是我們現在所用的這個方法，比較注重觀照的心，所緣可以是身、受、心、法的任何一種，特別是在心念處的修習中，當下覺知的心更為重要。修心念處時，所緣細節不清楚沒關係，最重要的是觀察的心要清清楚楚、了了分明。強調的重點是持續的覺知，當覺知持續強化以後，品質提高了，所緣自然就會清楚。

所以兩種方法的入手處不一樣，有些禪法入手處是在所緣，這個所緣可以是色法，即身體現象；我們現在所用的這個方法的入手處是覺知的心。其他的方法需要比較強的專注力，著重於專注力的培育；而現在這個禪法，著重於智慧的培育，著重

於怎樣開發覺知和智慧，怎樣應用它。在某些禪法中，可能是用意志力，或者精進力，去令心平靜下來，讓專注力提升起來；而我們這個禪法則是用智慧使心平靜下來。

有一些禪修者以為，當心很專注，什麼都不想，看到什麼東西也不能想、聽見什麼聲音也不能想，什麼都不知道，完全沒有思惟，就是「聽就是聽，看就是看」，當然不是這樣！這完全是無明。根本不知道發生什麼事情。有時候他們甚至覺得，因為沒有思惟，走路也不知道怎麼走，走路也不知道是腳在走路，這種專注是難以開發智慧的。你看連走路也不會走，想也不能想，那我們可能明白法嗎？這是不可能的，這是無明。

禪修時，遇到不瞭解的東西應如何處理？觀照就是搜集資料，然後讓答案自然呈現。如果有問題，可以問老師，但問了之後未必一定明白，有時候可能反而產生更多的問題。現在，你已經知道如何觀照自己的心，遇到不知道的東西，你要有耐性去觀

照、去調查,別想立刻得到答案,答案會自然慢慢地呈現。自己找答案,就是增長智慧的方法。

禪修的技巧和方法,不是每個人都能馬上完全瞭解、完全明白的,沒有人一聽就能懂,一聽就會做,禪修一個持續的、持久的、長期的學習過程,一個練習和實踐的過程。

以智慧來認知

一般人一直以無明來看待一切。但當禪修者的智慧生起時,看待事物的角度可能會有一百八十度的大轉變。例如數字「9」,沒有智慧時,我們一直理所應當地認為它就是「9」,但智慧生起時,心會改換角度,「9」不一定只是「9」,也可以是「6」。除非我們親身體驗到這種強大的覺知和智慧,否則永遠無法想像這一切的奇妙,整個世界在我們眼中都會變得不同。

我們經常可以看到別人吃飯的時候,心有貪,吃得很快。看到這幕景象,有些人會產生瞋心,有些人則會認為這是法的呈現,是貪心,以此提醒自己不要這樣;看到了別人的貪,增加了自己的知見。如果我們不提高警覺,則會被不善法控制。

講個故事，我的嫂子也是一個禪修者，有一天，她在屋後的園子看到芒果樹上有三個芒果，之後當她走到花園的另外一個角落回望那芒果樹時，結果看到四個芒果，有一個小芒果被其他芒果遮住了，是之前看不到的。她是一個有智慧的禪修者，她就醒悟到：「我剛才站在前面看，只看到三個芒果，如果有一個人知道真相，對我說那裡有四個芒果的話，我一定會跟他爭執，明明只有三個，不是四個。」因為心的無明，沒有看到全相卻執取自己的見、自己的認知，認為那是對的，一定會與別人爭執，不過當她能從另一個角度看時，她就改變了。因為這事件，我的嫂子對心的認知能力有保留，覺得心是不可靠的，因為想蘊⑯、認知、意向都可能會出錯，會迷惑我們，不可全然相信。

　　一個所緣、一個經驗，或者說一個現象，我們都要從不同的角度去瞭解，重複觀察，讓見解成熟。這樣，無論是什麼現象，在任何的面向、層次、深度、廣度，心都能有全面的知見。我們就是這樣去培育智慧的。

---

⑯　佛教將人分類為五種不同功能的聚合—五蘊，它們分別是：身蘊、受蘊、想蘊、行蘊、識蘊。

大家應記住，自己明白瞭解的知識也好、智慧也好，就只是這麼一點點而已，不要以為自己一定對，我們只知道這麼一點點而已。

剛開始學習時，我們知道了一點就很興奮，抓住自己知道的，便覺得自己已經知道得很多。但是當我們繼續去培育智慧，智慧越來成熟時，就會知道自己雖然知道了一些，但不知道的更多。我知道一樣東西，肯定還有九十九樣東西不知道，我現在知道兩樣東西，肯定還有九十八樣不知道的東西。這樣就不會讓自滿心生起。

每個人都會做錯事，造不好的業。無始以來我們在輪迴中打滾，能做的錯事可能都做過了，所以我們現在、未來才會承受業果；好的業我們也做過，但唯一最好的業卻還沒有做到，就是我們還沒有到涅槃。對過去已經做的惡業，即使心懷恐懼或後悔，時機成熟時果報依然會呈現。我們甚至難以想像自己以前做過什麼惡業，現在能做的就是保持覺知和增長智慧，當惡報來了，我們能以平和的心準備好去接受和面對。

佛陀在世時也經驗過世間的「八風」[17]，只是他沒有被影響。目犍連尊者雖然已是阿羅漢，但也無法避免惡報，只是在果報成熟時，他的心可以接受，在那個當下沒有再造新的惡業。只有智慧能在那個時候做出最好的選擇。如果我們要怕，這恐懼其實也是瞋心，是不接受的心。有些禪修者很不切實際地希望通過禪修讓生活中一切都變得美好，不會再有任何問題發生，那是不可能的。

真實法和概念法

　　我們不是要完全排除概念法，因為心的認知功能是一看見東西馬上就有概念知道這是什麼，所以智慧是同時明白什麼是真實的，什麼是概念。況且這兩者同時都存在，不可能不要概念。

　　我們去觀照聽到聲音時，「聲音」是一個所緣，「聽」這個現象是一個所緣，這樣觀照是為了瞭解、明白聽的現象。不是說不想聽內容而把內容摒除掉，如果只是聽聲音，把內容摒閉掉，這動機不正確。

---

[17]　佛教的所謂「八風」是指利、衰、毀、譽、稱、譏、苦、樂，四順四逆，共八件事。

我們怎樣知道自己的身體存在呢？因為身體的軀殼形狀的概念。在打坐的時候，如果心沒有在想這個軀殼的概念，比較專注於別的感覺或感受，沒在想這個形狀，有時候就感覺好像沒有了軀殼。沒在想軀殼，所以沒有身體軀殼的想法、概念，但這不意味身體是真的不存在。

真實法跟概念法是重疊的，是在一起的。譬如打坐的時候去關注我們的手，其實我們是不能知道「手」的，我們只能知道很多不同的感覺、感受、溫度等。「手」是概念，心能覺知到的感覺、感受是真實法。真實法跟概念法雖然是在一起的，但是它們是不同的。

因為有心的生起，我們才能知道感覺。心能夠知道的也就只有六種所緣，就是六根門直接的經驗。我們是沒辦法知道手、沒辦法知道腳的。我們只能知道觸的感覺或知道一些感受。手、腳、頭，這些形狀、名相等東西都是概念法。

我們是沒辦法吃香蕉的，香蕉（Banana）是不能吃的，那只是概念，我們吃的是甜的味道。我們只能知道它的味道，軟或硬，甜或不甜，這些直接的經驗。雞（Chicken）也不能吃，可以吃的是味道、

是質感。味道是真實的，是我們可以感受到的，可是香蕉、雞這些都是概念，概念是思想造出來的。

觀腹部的起伏時，其實腹部是概念、起伏也是概念，心能知道的只有動的感覺。有一個禪修者一直以為腳的感覺是在腳上的，其實腳的感覺在心。有一次他在經行的時候，感覺到腳的感覺在胸口，他說怎麼跑來這裡了，於是就把感覺帶回去腳上。其實，這是覺知到心，心知道這個感覺，所以是心的動念。當智慧越來越得到增長的時候，看法也會變得不一樣。

我們現在坐在這裡，能感受到身體，其實這個感受是身體的觸，體內有觸，體外也有觸，是六根中的觸。

色法主要由地、水、火、風這四大元素構成，四大元素各有各的性質，譬如硬、軟是地的性質，冷、熱、溫度是火的性質，我們要明白什麼是概念，什麼是真實法，但沒有必要把概念去除，知道那是概念就可以了。

我們不可能一開始就有很大的智慧，必須從小小的智慧開始。一點一點的金也是金，也很珍貴，小小的智慧加起來，慢慢就會就變成大的智慧。什

麼是概念法，什麼是真實法，像這樣簡單的佛法義理如果我們都不能明白的話，更大的智慧就不可能產生。

一開始修行的時候，山就是山，水就是水。一定的理解生起之後，會從某個角度看到其實山並不是山，水並不是水。之後，當理解更成熟時，會有另外一層的體悟，其實山還是山，水還是水。但是第一層的山是山、水是水，和第三層的山是山、水是水，是完全不一樣的理解。在第一層看到的只是概念；而在第三層，心既明白概念，也明白真實法。

《大念處經》

經典說，觀內在的身，觀外在的身，觀內外在的身。外在，就是所緣，是心所覺知的其中五種所緣。內在，是生起的各種心，觀察的心、知道的心、覺知所緣的心。所緣和覺知的心，兩者都是可以被覺知的。

所緣可以是外在的東西：色、聲、香、味、觸，也可以是自己的心理現象，譬如說，貪心、瞋心，也可是覺知的心，指「內在」的現象。

我們要留在自己的崗位上，我們的崗位就是覺知。

那麼，我們所修習的，是「心念處」，或是「心念處」及「法念處」？

　　兩者都有。而且不單只是這兩個，還有「身念處」、「受念處」，四個念處都包含了。當我們明白身體物質現象、心的現象，它們彼此之間的相互關係，它們只是一個過程，是因緣法，是無我的，能夠這樣明白的時候，就是法念處。

四念處禪法簡介

四念處禪法簡介

禪修的心必須是善心，如果帶著貪瞋癡來禪修的話，就不是正確的修習。有時候我們很努力地去禪修，但卻不知道心的態度是怎樣。其實，此時很可能是帶著貪的動機來禪修。這就是為什麼我反覆強調禪修的心態一定要正確，要用善的心去禪修，這是十分重要的。

關於心，首先我們需要知道「覺知」是什麼。大家知道什麼是「覺知」嗎？

「覺知」是不忘失，不忘記什麼是正確的所緣。覺知的所緣有兩種，一種是概念，例如經驗中的人物、故事內容；一種是身心當下實際發生的經驗。我們需要覺知身體和心當下的真實現象，這是正確的所緣。

例如，現在大家知道自己正在看嗎？你是在什麼時候開始知道的？是現在才覺知到的嗎？我們每天醒來睜開眼睛就能看見東西，但我們不知道自己在看。看東西的時候，我們總是注意著概念，沒意識到自己在看這個真實的現象。現在，我們需要覺

知自己的感官根門，六根要意識到自己在看、在聽、在聞、在嚐、在觸、在想。我們要學習、瞭解這些身心的自然現象，不過，不需要用過多的精進力。禪修就是運用這六種所緣，來培育心的質素。

現在大家都知道自己正坐著嗎？知道自己在坐、在看嗎？大家知道自己在聽嗎？知道現在的溫度嗎？我們需要多少的精力去覺察這些所緣？需要很多的精力才能覺知到這些嗎？是否並不需要很多的專注力去知道？

正精進

由於我們是從早到晚地整日修習，如果心過度專注的話，身心會很疲累的。因此要以放鬆自然的方式修習，不要讓身心感到疲累。使用過多的精進力，導致身心疲累時，心便不會處於良好的狀態中，這樣就不能持續地修習一整天。對於內觀的修習，保持持續的覺知是很重要的。但切記不要用過多的精進力，否則到了黃昏的時候就會很疲倦，想睡覺。另一方面，如果用放鬆而持續的方式來修習，覺知力會自然而然地增加；當我們一天又一天地如此去修習，慢慢地覺知力便會自然增強，這就謂之正精進。

正精進就是使用適當的精進力，以持久的耐性，不放棄、持續地在每個當下保持覺知，是一種不過於專注的、放鬆的精進。

覺知當下並不需要很多的精進力提醒自己在當下，覺知就已生起。心關注身心的當下，就已經是覺知了。譬如心在想「耳朵現在聽到什麼？」心的注意力便會移到耳朵上。當我們去作意、去想、去注意的時候，覺知就產生了。所以禪修時毋須太集中、太專注於所緣目標上，僅僅知道、意識到、覺察到便可以，這種覺知是一種柔和的覺知。

使用很強的精進力背後的原因可能是貪瞋癡。當我們想得到一些東西時，便會用很多的精力；生氣、不高興、不滿的時候，我們也會用很多的精力；而愚癡會使我們不知道該用多少精進力。這就是為什麼禪修者會使用過多的精進力。

如果修習方法正確的話，是不會疲累的。念力和定力會增加，心的質素亦會越來越好；身心會轉變為舒適良好的狀態，感到越來越清明和輕快。由於智慧和正念不足，有些禪修者在禪修時使用過多的精進力並感到疲累，反而忘記了覺知。沒有正念的時候，就感覺放鬆了，他們以為不覺知便是放鬆。

但是對於有長時間修習經驗的禪修者來說正好相反，越有正念，心就越放鬆；沒有正念時，便會昏沉。

禪修的時候，不要讓身心受苦。就像我留意到中國佛寺裡的師父說中文的「休息」，禪修就是要放鬆、休息。心疲累是因為有煩惱，不讓煩惱有機會生起，我指的放鬆是從煩惱中放鬆下來，讓心變得輕鬆，並不是指放鬆那不放棄、持續地保持覺知的心。所以我總是強調所緣並不重要，禪修的心才重要。

恆久持之地修習

禪修的時間沒有規定，最好可以整天都保持覺知，整天都在禪修的狀態中。

我們可以用任何所緣來禪修，我們有六根門，六種所緣。所緣本身已經存在，所以不需要在所緣上下功夫，我們需要培育的是五根。如果覺知不夠強，五根也不會強，因此我們要不斷地去培育覺知。在心力和五根增強之後，智慧就會知道該如何調禦，讓心用不同的精進力觀察所緣。但是大多數人沒有這種耐心，他們每天打坐一個小時，在這一小

禪修的時間沒有規定，
最好可以整天都保持覺知，
整天都在禪修的狀況中。

時內過於認真地觀察所緣，而其他時候則是沒有
覺知、放逸、不觀察。其實，禪修和學武術一樣，只
要每天不斷地練習，最後自然水到渠成，一招制敵。
很多人都希望有很強的心力，但他們並不願意常常
認真地練習。如果一個人認真地持續練習一天、十
天或一個月，甚至一年或十年，大家想一想，心的品
質的會有多麼大的差別？

特別是心，需要一次又一次的反覆培育，心的素
質才會改變。有些人的貪瞋癡很強盛，那是因為他
們不停地培育貪瞋癡；現在我們要改變這種慣性，
要去培育心的美善品質，這就是禪修的意義。

一個人如果能正確地禪修一段長時間，心的
美善品質一定會增強、增多，會有更強的覺察力、定
力，乃至更成熟、更多的領會。我想特別提的是：禪
修不是一項短時間的修習，十天只是很短的時間，
只是讓我們學習掌握修習的方法。學會了怎樣修習
之後，我們需要終生修習直到死亡那一刻，這是禪
修的要點，如果想在禪修上有所進步，就要記住這
一點。正念的修習是一輩子的事，正念禪修是我們
要終生去修習的。

我們的心每一刻要不是在善法當中，就是在
不善法當中。當我們不斷培育善法，不善法便沒有

機會生起，就會變得越來越少。如果不是在修習善法，那我們在修習什麼？當然是在修習煩惱。因此，任何時候我們都要照顧好自己的心，在每個當下觀照自己的心。

心在當下即生即滅，下一個心也是即生即滅，但是前一刻心的素質可以傳遞給下一刻的心，如此傳遞下去，心的美善素質會隨著修行而累積增強。這就是我們為什麼要持續地去修，一刻跟著一刻，綿延不斷。

正見

我常強調的是正見。我們要明白身心當下所有的現象都是自然法，每個人都有善心和不善心，無論是善心或不善心，這些都不是「我」或屬於「我的」，都是自然法。

一般人的邪見都很強，認為這個身體就是「我的身體」，這個心就是「我的心」，這錯誤的認知是一種很牢固的觀念。我們要改變這觀念，明白身心一切現象都是自然過程，不屬於個人的。

熱是什麼？熱是個人所擁有的嗎？熱就是熱，冷就是冷，與個人無關，不是屬個人的，不是「我

的」，這就是自然法的意思，明白這一點十分重要。身體有時候感覺冷或感覺熱，是氣溫在改變，只是自然現象的改變而已，與個人無關。身體的現象和心的現象都一樣。感受就是感受，並不是「我的感受」；思惟是自然法，是思惟生起了，並不是「我在思惟」；心就是心，思惟的心就是思惟的心，正見就是不把它當作是「我的心」和「我的思惟」。

我們必須知道禪修所緣的定義是什麼。所緣就是心能覺知到的，被覺知到的就是所緣。聲音是被心聽到的，聲音是所緣；痛是被心感受到，痛是所緣；心也是可以被心知道的，心也是所緣。一切正在發生的經驗都可作為所緣，被心覺知到的所緣都是自然法，自然法沒有好或不好，只是因緣法則。我們不需要去評論這些經驗是好或不好，它們只是自然法。

問大家一個問題，嘈雜和安靜，哪一個比較好？

如果你真的明白所緣只是所緣，那麼嘈雜和安靜兩者就是一樣的，都是被心所覺知的所緣，是自然法；如果喜歡安靜，當聽到噪音時心便會生起負面反應。

出入息與腹部起伏，哪一個所緣比較好？

如果明白出入息是一個所緣，腹部起伏也只是另一個所緣，就會認為它們都是一樣的，它們都是能被心所覺知的身體現象所緣。心能覺知到的一切都是所緣。如果有偏好，覺得一個比另一個更好的話，心就會執取，不喜歡和抗拒認為較不好的。

有妄念的心好，還是沒有妄念的心好呢？很多人都不喜歡心有妄念，但有妄念的心和沒有妄念的心，都是被心覺知的所緣。

痛和不痛，哪樣比較好？大家都喜歡不痛，對嗎？因為有貪和瞋，我們會有喜歡和不喜歡，這不是正確的態度。但如果有智慧便會知道任何經驗都是一樣的，痛和不痛兩者都是心能覺知到的所緣，這就是正見。如果心有正見，知道一切身心現象都是自然法，心就會接納，不會抗拒，也不會執取。當能夠明白，並接受它是自然的現象，沒有貪或瞋的時候，心自然就在定的狀態。心安定下來，這樣才能去如實觀察。定，就是心處於沒有抗拒、沒有執取的平穩狀態。

禪修並不是要控制影響自己的體驗，也不是想改變當下的所緣，只是觀照整個過程，整個經驗，從中學習。如果當下有喜歡、不喜歡的心生起，我們要先去覺知它。

禪修的階段：初學

知道怎樣去覺知很重要。大家知道怎樣去覺知嗎？要知道自己在走、在坐、在做事情，甚至連上廁所也要知道。初學的時候，只需持續保持覺知便可以。不應該很難，對嗎？只要去知道自己正在做什麼。你知道你現在正在坐著嗎？知道當下的感受是什麼嗎？知道身體接觸的感覺嗎？或者知道正在聽、正在看嗎？只要在當下保持這樣，知道就行了。在每個當下，你能知道六根門任何一個的現象就行了。整天持續地這樣做。

在醒來的那一刻，你覺知到什麼？知道什麼所緣都沒關係。起床、刷牙、洗澡、換衣服、上廁所的當下都知道，這就是我們要不斷培育的正念。因為很多人沒有這樣持續保持正念，正念不強，所以便不知道當下正在發生的經驗。

由於覺察力不夠，開始時可能觀察不到心，需要花一些時間來練習。先由覺知身體上的感覺，譬如，手接觸的感覺，或鼻呼吸等所緣開始，使正念持續；當正念培育出來，覺察力增強了，就會比較容易覺知到心，慢慢地便會越來越知道心的內容。

若能持續保持覺知，你便會知道當下的經驗。這樣修習一段時間後，便會更有信心，會感覺到心

的狀態在慢慢轉變。禪修就是運用六種所緣，來培育心的品質。

　　坐禪的時候，可以用身體的任何現象作為所緣。不過，除了覺知身體現象之外，也要經常去檢查心，看看它有什麼感受，是在怎樣的狀態下覺知，是繃緊的？還是放鬆的？行禪的時候，開始時我們可以覺知步行的經驗，知道自己在走路，覺知身體的感覺，四肢移動、觸摸等等，什麼感覺都可以，動作要自然，不要故意放慢，也不要太快。逐漸地，在走路的時候便會知道心裡有沒有思惟。

　　重點是要覺知，持續保持覺知，慢慢地覺察力自然會增強，覺察力越強，便越能覺知到更多的所緣，甚至可以同時覺知到在身和心生起的現象。可以行禪或坐禪，視乎你自己的選擇，最重要的是保持著持續的覺知。

　　對剛剛開始修習的人來說，培育持續的覺知是困難的。想克服困難就要勤加練習，如此才能熟能生巧。首先，如果單單靠意志力去建立覺知的持續性，只有在記起來的時候才去做的話，這樣肯定不行。你是怎樣養成一種習慣的呢？雜技演員之所以能把雜技做得那麼熟練善巧，無論在時間性、準確

性、複雜性上都掌握得那麼完美流暢，是因為他們通過無數次的練習，不厭其煩地在各個方面、各個角度、各個難度練習；同樣的，在禪修上我們也要持續地在各種場合培育覺知。

所緣的選擇

禪修的所緣，必須是自然的現象。你可以用任何所緣來開始，聲音、呼吸或腹部起伏都沒有關係，重要的是該所緣對你來說是可以自然觀察到的，而且不需要總是只觀察同一個所緣，可以覺知當下身體任何的現象。

剛開始禪修時，以一個主要對象作為所緣是沒有問題的，但有很多禪修者總是只用單一所緣，不知道除了那所緣之外還有其他的，而且觀照時過分用力，所以逐漸地我們需要開放地覺知更多的所緣。

內觀是一個學習的過程，我們會接觸、學習到很多東西。要學習身心相互的關係，便要觀察到更多的所緣，而非只是停留在同一個所緣上。當覺察力越來越強時，心自然會覺知到更多不同的所緣，同時間覺知兩個、三個所緣也是可以的。

　　我們知道有出入息念，但並不是每個人都適合用出入息念來修習。很多人修習出入息念的時候，不察覺到用了過多的精力來覺知，當呼吸稍為微細時，覺知的心便會用更強的專注力嘗試去把微細的呼吸看清楚，有時候會令到呼吸緊張和不暢順。每個人都不一樣，有些人可以很容易覺知到呼吸，但有些人卻不容易，所以每個人可以選擇適合自己的禪修所緣。

　　剛開始禪修時，我也曾用單一所緣，例如呼吸。當時我的心太亂了，甚至要用哮喘式的強烈呼吸才能觀到呼吸。但我的老師告訴我，有思惟是沒有問題的，不要因為有思惟而生起抗拒。這個正確的觀念很重要，不要打壓身心的自然現象，應該一視同仁，呼吸和思惟都是一樣的，都是心能知道的所緣，要記住這個觀念。

　　如果以呼吸作為主要所緣，在觀照呼吸的同時嘗試去知道其他的現象。行禪時雖然知道腳部的移動，但也知道其他所緣，這樣的禪修狀態是正確的。對於修觀禪來說，遮蔽、忽視其他的所緣，只知道單一的所緣，是不對的，不合適的。

　　當你覺知到心在分析、在思惟的時候，覺知到就可以了，然後可以回到身體現象或其他感受。在

剛開始修習時因為不夠善巧，比較難去觀察思惟的心，很容易掉進思惟內容裡，失去覺知，所以我們先以明顯的所緣培養覺知的心，讓它先強大起來。就這樣，當覺知到有想法的時候，別繼續想，並回到身體的感受；再有想法生起時，再知道了，再回到身體的感受，這樣反覆地練習。

初學者的無聊感

禪修強調整天覺知自己的身心現象。當我們看到外界事物時，重點是觀察內在的身心，而不是外在的事物，那些外面事物絕大部分都僅僅是概念而已，例如覺知眼睛在看東西，看到什麼並不重要。我們應聚焦在內在的身心現象，而不是外界的概念，一刻跟著一刻地保持覺知。其實，每時每刻的體驗都不一樣，每一個呼吸、每一個動作、每一個當下都不相同。初學者因為還未親自領會到，只能先嘗試改變觀念，去覺知，重複地練習。隨著覺知的增強，心自然會看到每一刻的不同，這是一個自然的過程。

若明白覺知的意義，打坐的時候心就會平靜。當我們不明白覺知的意義，心不是在回憶過去、就是在嚮往將來，由此而產生了很多雜念思惟，心就

難以平靜。覺知當下與否，關係到當下心的品質。如果我們知道禪修的益處，就不會覺得無聊。就算是對禪修完全一無所知的初學者，只要簡單地觀呼吸五分鐘，就能體會到心的平靜，這就是禪修的利益。我嘗試讓大家明白覺知帶來的益處，亦鼓勵大家不斷地練習。

心感到無精打彩不想禪修時，就是去憶念禪修為我們帶來益處的最佳時刻，亦可思惟佛法，閱讀佛法經典、典故等，更換一下活動讓心感到清新，恢復精神，別讓那無精打彩的煩惱心繼續增長。

如果心感到呆滯，我們可以提出簡單的問題讓心去調查，要保持覺知，但不要期待答案。

如有厭倦的感覺生起，可能是因為有貪心，希望看到很微細的現象。厭倦心生起時，先去觀察厭倦的心，把它作為覺知的所緣。

坐姿

坐禪時，首先選擇一個舒適的姿勢，不用刻意去做什麼，只需放鬆而自然地坐著，觀察明顯的、容易觀察到的所緣，無論觀察到什麼特別的東西，只是保持覺知就行了。

其實姿勢不太重要，心的狀態更為重要。坐禪時即使姿勢很正確，若失去覺知，這並不是禪修，禪修是心的工作。初學者較容易覺知身體的感覺，剛開始禪修可以用身體的感覺作為所緣。

　　心平靜時，身體也會跟著放鬆，這時腰部自然會舒緩下來。如果經常逼著上半身繃直，身體很難保持穩定。因此，坐禪時，禪修者知道身體的姿勢即可，不必刻意調整成挺直的姿勢。

雜念

　　覺知到有雜念思惟時，切記不要注意或跟隨思惟的內容，只需要知道心在打妄想，然後回到覺知身體的感覺上便可以。剛開始學習的時候，禪修者並不知道思想也只是一個禪修所緣，沒有覺察到的話便會繼續打妄想；剛開始修習時當心意識到有妄想時，應回去覺知身體。實際上，思想並不是問題，它只是心的一種功能，也是禪修的所緣。每次覺察到心在打妄想的時候，我們也是在禪修。不要因為有妄念而生氣，我們應該高興自己當下有覺知，知道自己正在打妄想。

禪修者閉上雙眼坐禪時，有時眼前時常會出現各種影像。這些影像其實都是心製造出來的東西，並不是真實的，它們只是概念，類似於思想及夢境，我們知道心中有這些影像出現就可以了。

　　如果心中的雜念思緒太強烈，以致無法好好觀察時，禪修者可以睜開眼睛，轉換所緣。最好是覺知比較明顯的所緣，如身體的覺受。當心穩定下來後，可以再次嘗試觀察思想。切記雜念思緒也是心能知道的，也就是所緣，所以如果可以覺知到妄想雜念而不迷失於其內容中的話，則不需要睜開眼睛。因為睜開雙眼會看到很多外界環境的所緣，容易分散心的注意力，使得心不太容易觀察像心念這樣的微細所緣。

行禪

　　行禪時覺知整個身體的動作，速度適中即可，開放覺知，如此，心可以覺知到很多所緣，有事情做，而不會迷失在妄念之中。就像做生意一樣，有很多顧客，就不會無所事事。心知道的所緣越多，覺知也就越強。

　　行禪的時候，如果只是沒有覺知地走來走去，智慧是不能生起的。要有覺知，要有正見，這兩個

加起來才有可能讓智慧生起。至於動作，其實走也好、坐也好，動作並不重要，重要的是持續的覺知加上正見，還有感興趣的心，這樣才會讓智慧有機會生起。智慧生起需要靠自己的心，心是怎樣工作的？當下它是怎樣發生的？是怎麼樣的心？它的品質如何？智慧生起是靠心，不是靠動作。

如果僅僅是專注，智慧也不會生起。要有覺知，要用智慧，更多的智慧才能夠生起。

禪修者不需要一定來回地走，可以走遠一點。到處走一走，放鬆地走。

動作快慢

有禪修者發現，相較於沒有覺知時，有覺知時身體的動作會自然放慢。這是自然現象，因為心不感到急切、衝動、焦急，行為速度自然會減慢。但在日常生活中，當我們需要快速行動時，當然也可以加快速度。禪修者只需在日常生活不斷練習，即可逐漸適應在正常速度下保持覺知。

也有禪修者發現身體動作緩慢時，覺知力會較強，而動作快時覺知力會變得比較弱。這是視乎個人覺知力的強弱。如果覺知力不強則只能看到很

粗重的所緣；覺知很強時，即便身體在快速運動，依然可以看到很多所緣。關鍵在於練習。

　　動作的快慢必須以智慧根據情況而定。把碗裡的水倒到杯中的時候，如果慢慢倒的話，水會從碗的邊緣灑出來，那個時候動作要快。如果因為害怕事情做得不好，所以做什麼事都很慢成為習慣，這就是動機不對，因為心害怕，害怕是煩惱，不是智慧。其實並不用害怕，如果做錯了但能從經驗中學習，那下回便會做得更好，所以不需要害怕。我們越是緊張，越是害怕，就越難把事情做好，所以要放鬆。有覺知時，心是穩定的。心不穩定時，事情是做不好的。當心穩定時，心已經知道事情應該怎麼做，所以不用費力，逐漸地事情都能做得好。做好一件事情，需要智慧、技能及助緣。

臥禪

　　臥禪時，我們以臥姿觀察入睡的過程。剛開始時，六根門活躍明顯，聽啊、觸啊……；慢慢地，前五根門會越來越弱，乃至「關閉」起來，只知道心的狀態，接下來漸漸進入睡眠。醒來的過程，會先知道心醒了或覺知生起了，之後，聽到外面的聲音，有感受……等。

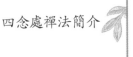

　　覺知的心，在三個層面浮動：醒覺，半睡半醒，睡著。如果是睡著，一般完全沒有覺知。半睡半醒的時候，因為還沒有完全睡著，所以還有覺知，但此時心的力量不能完全控制肌肉，所以身體有時無法動彈，有些人不明白這個過程，沒有知識，就解釋說是鬼壓身。

　　我有一次在做夢的時候心有覺知，看到了夢是畫面的浮現，裡面有一些人物在某個地方，慢慢地醒過來的時候還是有覺知，在半醒的時候看到畫面影像變成思想，而故事還在持續發展著。我明白到夢並沒有什麼了不起，只是思想。大家有時候很相信自己的夢，認為是什麼預兆，其實，夢只不過是像白日夢一樣的東西而已。

　　以前我的師父經常問我：你知道睡覺前的最後一念嗎？你知道醒來後的第一個念頭嗎？我就認真地根據師父的指導去觀照這些過程。

精進力

對於初學者，應該盡量地去覺知。當覺知有某種程度的慣性推動時，這時即使什麼都不做，心還是會自動覺知。不過，初學者還不能達到這個程度，所以需要努力練習，慢慢培養覺知的慣性。

根據禪修者的修習程度不同，有兩種精進力。一種是刻意的，不是自然的；另一種則是自然、放鬆的。以我們騎自行車為例，剛開始騎的時候，需要刻意地用力踩自行車的踏板讓它向前運轉。但是當自行車的速度已經到了一定程度慣性時，就不需要使勁去踩，它會自動前進。同樣的，初學者在剛開始練習禪修時，需要刻意地練習覺知，讓覺知力變成慣性。

即使遇到困難，也不要帶著煩惱去面對。遇到困難時嘗試運用正確的心態，慢慢地心就不會再帶著煩惱去應對遭遇到的困難，就是這樣不斷地去練習。學習的過程中必然會有困難，但心會越來越善巧，即使是禪修了一段時間之後，還是會有其他困難的；困難是來幫助我們學習及培養智慧的，不要怕困難，困難會讓我們更加善巧。同樣的，毋須怕失敗，失敗了再去嘗試。

所緣及心

在我們經驗裡，什麼是所緣？什麼是心？能知道的就是心ārammaṇika。被知道的就是所緣ārammaṇa。所緣有時候也被稱為目標，目標或所緣就是心覺知到的對象。聲音是被覺知到的，聲音是所緣；痛是被覺知到的，痛是所緣；心也是能被覺知到的，所以心也是所緣。

我們必須明白心的本質是怎麼樣？所緣的本質是怎麼樣？心的本質就是能夠知道所緣。因此，我們不用強逼著心去知道東西，因為它本來就能知道。我們只需確保覺知有沒有存在，知道的心它本來就在運作著。如果能守住知道的心，所有的所緣其實都會跑到心裡來的，因為心本來就能知道外面的東西。

如果能觀察到心，就會像坐在辦公室裡邊的總經理一樣，大家把需要知道的資訊都拿過來給總經理看，不用像員工一樣跑去外面找這個所緣、那個所緣。

當我們有觸碰的感覺，這觸碰的感覺就是一個所緣，而知道觸碰的心是另外一個現象。聲音和聽到聲音是同時發生的，而聽到聲音和知道聽見聲

音,是不一樣的,聽到並不代表知道自己聽見。聞到、知道聞到,嘗到、知道嘗到,感受到、知道感受到,都是不一樣的,是兩個不同的現象。

注意力是經常改變的,心會自動導向較強的所緣。例如行禪時我們的手在動,或者腳在動,心在注意手、注意腳步,這注意力也是心的功能。

看到、聽到、聞到、嘗到、感受到等等,其實這些現象是同一類的現象。知道看到、聽到、聞到、嘗到、碰觸感覺到,就是心有注意到那些現象。

開始禪修時,我們只知道所緣。慢慢地我們既知道所緣,也能知道觀察所緣的心。這時,覺知的心就能知道這兩個同時發生的現象——所緣及知道所緣的心。

當你有了經驗,能知道覺知的心時,就可以去覺知這個覺知的心,就不需要去看很多不同的所緣,只要知道心在覺知就可以了。

覺知和知道的分別

覺知(正念)的心和知道、識知的心是不同的。
眼耳鼻舌身意等識蘊,因為六根六塵的接觸而產

生。即使心沒有覺知力，六識也可以認知到對應的所緣。貓貓狗狗都有認知的能力，但牠們並不瞭解自己的身心當下正在看、在聽。普通人同樣也是如此。

相對於識蘊，覺知有著不同的功能。你可以觀察識蘊，也可以觀察覺知心。

有位馬來西亞的禪修者曾問到有關開車時如何覺知：我現在知道旁邊有一輛車經過了，這算覺知嗎？

我說：這還不算是覺知。

他問：為什麼呢？

我說：所有開車的人都能知道有車子經過啊。

他接著問：那麼怎麼樣才是一個禪修者的覺知呢？

我說：每個開車司機都能知道有車經過，就連小狗也能知道，有車行駛過來了牠會避開。通過眼睛看見、耳朵聽見，心就開始想「現在有車經過了」，這是由於眼根看、耳根聽，心有了「有車開過了」的想法生起而已。然而，禪修者的覺知，是他知道自己六根門裡發生的事情，這才是禪修的覺知，也就是

覺知加探索、興趣，
就是啟發智慧的關鍵。

我們所說的正念。一般的開車司機都知道有車開過來了，這是一般人所知道的外在的現象；可是，他們不知道眼睛有在看，耳朵有在聽，心有想法生起。

觀察覺受

當身體有痛的時候，首先知道痛是自然現象，身體長時間不動就會痛，是沒有什麼問題的。但不要一開始便去觀察痛這個感受，如果心生起厭惡的感受，便先要觀察心的感受。如果心是平靜的話，便不需要去改變姿勢，如果心不平靜，越來越抗拒的話，就該要改變姿勢，舒解痛感。

要記著處理痛的三個步驟，首先要帶有正見，知道這是自然現象，然後去觀察心，最後去決定是不是要改變姿勢。不要讓心太受苦，若該要轉換姿勢便要轉換，甚至坐凳子也行。

為什麼要轉換姿勢呢？因為我們不要去培育瞋心，坐姿不是最重要，讓心在不緊張的狀態下覺知更重要。當坐姿不適，想要換一個姿勢，並不一定是貪心。有時候，不可否認是貪心，但有時候也可能是智慧。如果我們知道因為這個坐姿身體繼續痛下去的話，瞋心就會生起，此時可善用智慧換一個

姿勢，只要在換姿勢的時候保持覺知就好了。因為禪修的目的，是要培養善心，不要因為不舒適的坐姿而產生瞋心。如果沒有辦法用善心面對這個所緣，此時必須退一步。這是智慧，不是貪心。

當心有不愉快感受，瞋心生起的時候，不要觀察痛，這不是正確的修習。例如我們在為一個人生氣時，若還不斷地面對那個人，那會怎麼樣？我們會更生氣。

有苦受的時候，一般心是帶有瞋心的，也就是抗拒及不喜歡這個感受。當這個苦受消失了，有舒服的覺受的時候，貪心就可能生起，因為喜歡這個舒服的覺受。一方面，我們要去學習關於痛與瞋心之間是怎麼樣運作的？另一方面，也要瞭解舒服和貪心的關係，它們又是怎麼樣的？你要自己去瞭解。如果發現有貪心，那就先去觀察那個貪心。

我們要記著這一點，若心對某個所緣目標有抗拒或是執取，當下這就不是適當的所緣，暫不要把它作為禪修對象。只有心是平靜或回到平等心的時候，才可以觀照任何所緣。這就像戴著有色眼鏡去看東西，我們無法看到真正的顏色。如果帶著瞋心去觀察的話，這只是瞋心的所緣，不是禪修的所緣。

　　所緣是被心知道的東西。痛是被心知道的一個所緣；不痛，也是被心知道的一個所緣。如果有正見，能明白、知道痛和不痛都是一種覺受，都是所緣，不是「我的」痛，只是自然法；那麼，就沒有哪一個是好或哪一個是不好，它們都是一樣的。

　　有一個禪修者在禪修時發現有一隻蚊子來叮他，被叮的時候，他觀察自己的心有沒有瞋心，有沒有抗拒，有沒有不喜歡？他說：完全沒有。他一直看著這蚊子在吸他的血，越來越胖。他說：沒關係，我有慈悲心，讓牠吸；沒關係的，沒有抗拒、沒有瞋心。這蚊子叮完以後就飛走了，剛好飛到一個蜘蛛網裡，被蜘蛛抓住了，他看到後很高興，那個時候他才發現原來他是有瞋心的。

　　在蚊子叮他的時候，表面上他沒有覺察到瞋心。可是，當蚊子現在有麻煩了，他就覺得很高興。

　　所以要特別小心，有時候我們以為自己已經沒瞋心了，其實在很微細的層面還是有的。因此，我們還是要再觀察，看看是不是真的沒有瞋心了。

不想去觀察痛苦,不願意直接面對痛苦,這心態本身就不具備正見。

禪修不是為了逃避痛苦,不是為了排斥和掩蓋真相,而是為了徹底瞭解實相。心中有取捨、有比較,這就已經失去正見。

如果無法面對痛苦,那當我們最終面臨死亡,無法迴避痛苦時,一切都晚了;所以下一次痛苦來臨時,我們應該歡迎它們的到來,並且勇敢地面對。痛苦讓我們有機會去理解和學習,只要沒有被痛苦征服,我們的心智會變得越來越成熟和強壯。

當心帶著正見去觀察痛苦時,會越來越感興趣。無論苦受、樂受,都是觀察的所緣,可以從中得到充分瞭解和學習。如果對此不理解,那麼在心有苦受時,它就會去找樂受,找不到時又回到了苦受之中。我們的心就這樣一直在兩個極端之間徘徊。如果有智慧,心會立於兩者之間保持平等心和中道,即不會追逐某種樂受,也不會被苦受所征服。

其實,身體的感受,大多是中性的。但接觸外物時,很多時候是我們沒有感覺,譬如眼根和色塵觸

碰時，我們沒有感覺，但是眼睛看到東西的時候，反應是很多的，有思惟、有邪見、有錯誤的認知，這些心理反應比觀察身體感受還來得更強、更真切。

瞋心生起的時候，全身有熱的感覺，這是身體的感覺。看見好的東西、吃好的東西，心是不是覺得自在舒服？那就是心的感受。

身心的感受可以同時生起，要會分辨哪個是身體的感受、哪個是心的感受。僅僅知道身體的感受是不夠的，要瞭解所有的法。

身體上所謂的「氣」是概念，有方向，有流動，但這些都不是真實法，是心的想像，心的認知和感覺。禪修者不需要考慮氣的概念，只需要自然地觀察身心的現象，毋須在禪修中夾雜有關「氣」的概念。在日常生活中可以使用「氣」，但在禪修中並不推薦。知道身體有氣感就可以了，心不用參與其中。

覺知的利益

檢查一下心的品質，有覺知時和沒覺知時，品質有什麼區別。如果真正明白覺知對我們有什麼好

處,那麼我們就會知道禪修是有價值的,那個時候禪修就會變得很有趣。譬如說,沒有覺知時,心一直在想想⋯⋯,有覺知時,或許心就沒有這麼忙了。所以我們必須要瞭解有覺知時心是怎樣的?沒覺知時心又是怎樣的?對比一下,看看覺知有什麼好處。

　　有禪修者問,什麼是善有善報?為什麼有時好人沒有好報?善是什麼?其實,善心的呈現有三種,包括身、口、意。善的心導致我們說好話、做善事。有時候我們的心是善的,但是欠缺智慧,導致說出的話、做出的事,結果是不如意或好壞參半,所以未必看到百分之百的好結果。

　　如果身、口、意行為是正確的,心是善的,當下馬上會感到平靜、安穩,這是善心即刻的利益。做好事不是為了以後,以後的結果需要很多的因緣配合才產生。善心生起,覺知馬上就會知道心的狀態,你會觀察到這是善心。覺知能認出當下的心是否有貪、有瞋,還是沒有貪、沒有瞋、沒有煩惱。沒有貪

的心、有慈悲的心，品質是不一樣的，善是馬上就有利益的，必然是這樣的。

　　若缺乏覺知，煩惱就會越來越大，乃至整個心被煩惱控制。相反的，若有覺知，煩惱就會越來越少，即使有煩惱在，也不會造成更大的傷害。這就是覺知為我們帶來的即時利益。

禪修的階段：進階
微細的所緣

　　當禪修者持續地保持覺知，覺知變得越來越強時，自然而然地就能更深入地觀察所緣、及更微細的現象。

　　一般來說，心很自然地會去觀察明顯的感受。當覺知力強時，禪修者可以選擇觀察比較微細的所緣，例如呼吸。觀察呼吸時，呼吸會逐漸變得微細，那時就繼續觀察微細的呼吸。有時禪修者會發現所緣竟然消失了，其實所緣並沒有消失，只是變

僅僅覺知是不夠的，
想要瞭解原因，是導發智慧產生的條件。

得更微細，而覺知力和精進力沒有相應地提高，因此以為它們不見了，那時就更要提升心的精進和覺知。又以觀察疼痛為例，我們用1、2、3、4、5依次上升代表逐級提高的疼痛程度。當疼痛的覺受減弱，譬如從5降到3，很多時候我們就以為沒有覺受了，其實並非如此，只是覺知力不足以觀察到微細的痛而已。如果真的降到了「0」，那才是真的消失了。

最微細的所緣不是色法，也未必是覺受，而是心。心沒有形相，不是物質，不能依靠專注力來觀察，要依靠智慧，要先明白心是什麼，才能觀察到。有時我們集中專注力觀察細微的所緣，因為有所期待，心會製造很多影像，譬如有人說心像黑洞或明鏡之類的境界，其實都是概念，不是心。

觀察微細所緣的訣竅是要有耐心，持續地去覺知，不要隨順希望看清楚的貪心。如果隨順了貪心，往往就會過度用力，過分專注，反而觀察不清楚。就好比我們到眼鏡店配眼鏡，一般都會試戴不同度數的眼鏡，如果度數過高或過低便會看不清楚，只有剛剛好才可以。同樣地，所緣和覺知的心應該是相應的，過分用力和專注，反而看不清。

一秒鐘之內有數以億萬計的心識在生滅，覺知越強，看到的細節也就越豐富。就好像一個餐廳裡

面有人在吃飯、有人在燒飯、有人在算帳、有人在
點菜,他們在同時間運作著;而心的運作也是一樣
的,透過持續練習,覺知能夠更加警覺地觀察到身
心的現象,甚至更細微的現象。

如何觀察心

　　如果過度專注的話,就很難觀察到心。相對而
言,身體的覺受比較容易觀察到,因為有具體的地
方、部位。你有心嗎?你如何知道什麼是心?有人可
以告訴我,你的心在哪裡嗎?

　　心無形無色,不是實質的東西,也沒有特定部
位或者具體的地方,我們沒有辦法以某部位來集中
專注心。所以我們只能透過知道心的活動或其運作
來覺知心。我們可以知道心在做什麼,當下發生了什
麼事,它的感受是怎麼樣。

　　心的其中一個功能就是認知,心可以知道。心
能看、心能聽,眼識是心,耳識也是心,還有嗎?
見、聞、嗅、嚐、觸,都是心。聲音不是心,意識到聲
音的才是心,聽是心。如果你覺知到你在聽,便是
覺知到心。眼識、耳識、鼻識、舌識、身識、意識都
是心,六識是心,每一刻心都在運作。觀察心其實
是很簡單的。

調查的意思，是有興趣地去觀察，
讓答案自然出現。

我們不難瞭解，認知、感受是心。心可以知道感受：苦受、樂受、不苦不樂受。如果能察覺到心裡快樂、不快樂、悲傷、緊張等等這些心理現象，可以說我們已經在知道心了。

　　思惟是心，如果知道自己在思惟，便是覺知到心。覺知心在想什麼也是很重要的，慢慢地就會明白怎樣觀察心。思惟佔了心理現象很大的部分。如觀察到思惟，也可以觀察到感受，它們是相關的。有時候禪修者覺察到身體的感受，但沒有覺察到思惟，其實，它們是可以同時被覺知到的，不需要側重某一現象，心自然能知道它們的相關性。我們會觀察到身體的感覺、心的感受及思惟，同時也需要觀察整個經驗的過程。如果能這樣去練習，慢慢地我們便會明白身心相互的關係。

　　知道、注意、專注這些都是心，作意、意圖也是心，乃至動機，想去、想吃都是心。餓的時候，饑餓無力的感覺是身，但是「想吃東西」的想法是心，兩者是不同的。如果知道「想吃」這個意圖，也就是在知道心。其實，心的動機是持續不斷的，因為我們想聽、想做、想站起身來、想吃、想去洗手間、想講話、想洗澡、想看等等，是持續不斷生起的，但我們並不習慣觀照它們。動機有時是煩惱驅動的，貪

心、瞋心驅動我們去做一些事，譬如很焦急地去做事時，動機是帶有貪心的。覺察到貪心、瞋心（煩惱），也是在知道心。

有時候心能知道環境的改變，也能知道心對環境改變而生起的反應，在這種情況下，只需要看自己心的反應，觀察自己的思惟和感受就可以，不需要把注意力放在環境的改變上。

在每個當下，心一直都在運作，但是如果沒有修習的話，就不會知道心是怎樣運作，也不會習慣把心當作禪修所緣。現在我們就是在試著養成一種習慣，練習去觀察不同的心，反覆觀察在每個當下不同的心的現象。

雜念妄想

佛法說貪瞋癡是煩惱。心會思惟，會起妄想，但思惟、妄想本身並不是煩惱。貪有貪的特性，瞋有瞋的特性，為何思惟、妄想有時會帶來煩惱？那是因為心在無明狀態下思惟，或在貪、或在瞋的狀態下思惟。思惟不是煩惱，感受不是煩惱。每個煩惱都有它的作用，煩惱藉著感受和思惟等來起作用。當然，思惟有時也會在善心的狀態下或智慧的

狀態下生起。帶智慧的心在想事情，是不影響禪修的。思惟是心的一項功能，並不是煩惱，譬如理解的心，也需要思惟，問題在於處於煩惱狀態下的心在思惟、妄想。所以要把思惟停掉，是不正常，也不可能的。

智慧知道什麼是好的、什麼是不好的；什麼是正確的、什麼是不正確的；什麼是有用的、什麼是沒用的；什麼是重要的、什麼是不重要的。

從思惟的內容，我們可以看出是什麼引發了該思惟，導致思惟的產生。我們可以知道是貪、瞋或智慧驅使這樣的思惟產生。

有雜念、妄想生起時，首先要檢查對這雜念和妄想有沒有起瞋心？有沒有抗拒它、不喜歡它的感覺生起？如果沒有瞋心生起，那麼我們可以繼續觀察它，也可以換所緣，這無所謂。

思惟、妄想本身不是問題，對思惟、妄想生起抗拒才是問題，才是煩惱。如果每次雜念生起時，

都能覺知到的話，這反而是可以讓覺知越來越強的。比方說，有十個思惟或起念頭的心生起，而我們十次都知道，每次都能有覺知的話，覺知就會變得越來越強。所以不必懊惱，不要覺得雜念、妄想是不好的現象，應該去欣賞那對雜念妄想有覺知的心才對。

所有現象都是自然法。任何所緣都不是一種障礙，所有的所緣都是幫助我們培育覺知和正念的。思想就是思想，它並不是障礙，只是一個所緣。

我們需要的並不是去停止思惟，而是要明白為什麼思惟，要明白這思惟是不是必須的或重要的，如此智慧才會生起。觀察思惟是為了明白心的運作，以便產生智慧，而不是要去停止所有思惟。

當然有時候我們也會去停止某些思惟，那是因為它們不重要；如果是重要的思惟，心還是會去想，或者必須去想。日常生活中有些重要的事情我們必須去想時，例如一些計劃，但必須帶著覺知去想。

就算有不好的思惟生起，也要給心一個機會，去了知這是不好的思惟，如果我們拒絕思惟，不准它們生起，這就永遠不會明白如何對待它們、分辨它們。

覺知到有不好的想法生起時，如果能明白想法、念頭是一種法，是所緣，不是我，這就是正見，是智慧的一種。佛陀的教導是要我們如實觀照。有覺知、有正見，不好的想法自然就會改變，不必要當下刻意地去改變它。

不善念的生起或當下正在發生的事，其實是以前所作的因在此刻呈現的果，也就是業力的顯現。而當下怎樣去面對這些果，對於這些果作出的反應，就是當下所造新的業。能如實觀察此刻的業果就是在種善因。

即使有很多不善的想法生起，但如果心都能一一覺知，此時不應抱怨不善念的生起，因為有正念才能知道這些不好的想法正在生起。在這個當下，是否應該慶幸當下有覺知的心，而不是去抱怨呢？

如果一個村裡有很多盜賊，但警察只有一位，每次發生偷盜事件時警察都抓不到小偷，會怎麼樣？那個警察肯定要被解僱了。但如果那警察每次都能抓到小偷呢？會得到晉升。

覺知就像警察一樣，每次有煩惱生起時都能知道它，都能抓到它，那覺知就會越來越強，越來越進步；所以警察是不怕有事情發生的，因為有事情發生而他能抓到小偷的話，他就能進步。

心在想「故事」的時候，我們不必去看故事內容，要觀照的是思惟的心。

一旦陷在故事內容、思惟內容裡，就不能瞭解思惟的性質。即使整天打著妄想，我們也不能瞭解妄想，不能瞭解心。心是真實法，是生滅的，而故事是概念，永遠沒完沒了。

禪修的所緣是生起雜念思惟的心，而不是雜念的內容。如果把注意力放在雜念的內容，煩惱就會生起。如果把覺知放在生起雜念的現象上，那麼智慧可以因此而產生。

之前提到煩惱的所緣是概念，指的就是雜念的內容，而智慧的所緣是真實法，即名法、色法。思惟、妄念、雜念生起時可以有兩個所緣，一個是雜念的內容（概念），一個是雜念的心（名法）。心經常會有雜念、妄念，所以我們經常可以去看看自己有沒有選錯所緣。對於沒有禪修的人來說，他們也能知道自己在雜念妄想，但是他們會百分之百地投入到雜念的內容裡。禪修者知道有兩個不同的現象，一個是思惟心、一個是思惟的內容，慢慢養成習慣去觀察雜念心這個真實法，就會有智慧生起。

放鬆

不停地以思惟來引導自己放鬆下來，這僅僅是表面層次的放鬆，真正的完全放鬆是智慧的工作。

放鬆的意思是把煩惱放鬆，而不是把那持續帶有智慧的精進力放鬆。放鬆煩惱，不帶著煩惱去覺知，因為煩惱令我們花費極多的精力。就像調製檸檬水，不能太酸也不能太甜，實際上就是要有興趣去嘗試。如果體會到太放鬆和太用力這兩個極端，就可以調到適合的平衡點。這個過程沒有人可以幫到你，只有靠你自己去嘗試。

放鬆的意思是把煩惱放鬆，
不是把那持續帶有智慧的精進放鬆。

當身心放鬆的時候，一些比較微細的所緣會自動地變得明顯，因此在禪修時，身和心都必須放鬆。

退步原來是向前

　　禪修者有時候會太專注在所緣上。「後退一步」就是放鬆，全面地觀、全景式、俯視地觀照，這是一種心態。

　　另外一個說法，「後退一步」就是當心看到了所緣，無論所緣是色法，還是名法，退後一步，覺知便可以看到所緣，以及知道所緣的心，即兼及能知的心和被知的東西。退後一步才能完整看到這兩者。

　　有時候心很專注在所緣上，其實是想把其他東西遮蔽掉，例如不想去注意思惟，只是鑽到所緣裡邊去。然而，退後一步的話，就等於是一個廣角鏡，可以看到很多相關的東西，思惟也包含在所緣裡面。

　　「後退一步」有兩層涵意：第一層涵意是調整精進的力度，即觀察所緣應該用多大的力量──其實向前一步就是用力、去專注，後退一步就是放鬆。另外一個層面，就是心看的角度會更大、更廣，可以同時觀照所緣及能知的心。

智慧的特質是它總是會抽離地、客觀地去觀察、去分辨；而貪執的特性則會參與到所緣裡，跳進去，去黏著、去執取。

我們觀察的時候往往會有貪和瞋在其中，貪和瞋的特性都是要進一步去抓住所緣。因此，貪和瞋才會繼續擴大、增強。如果是越來越鬆開的話，貪、瞋是不會增加的。所以貪和瞋有這種抓住所緣、不放下的傾向。

大家應該都有以下這樣的經驗。在貪的時候，心會導向它喜歡的所緣，會重複地去思惟、去享受，去更加深入地體驗這個貪的所緣。同樣地，瞋心也會反覆地跑到所緣上，譬如有時候經常會想起令自己生氣的事，不想去想也止不住，我們可以看到瞋的這種抓住所緣的傾向。再者，恐懼也是如此。

所有煩惱都會抓緊所緣，然後充分發揮煩惱的功能。至於智慧的特性，就是不參與，不攪和在所緣裡面，即使看到了、知道了、覺知了，它還是不會完全相信所緣，或者相信自己認知的東西，它會重複地去檢視審察是否正確，會帶著客觀的立場來觀察。所以，我不鼓勵大家修觀時太專注，只須站在客觀的立場觀察，開放地覺知。

　　所謂禪修的進步，就是心的品質有所改變，這是自己能感受到的，不是由別人告訴你的。每個人都會自然知道、感受到自己的心的美善品質是否有增長。修行進步的指標，就是看心裡善法是否多了，煩惱是否少了。

開放式覺知

　　我們要善巧地觀察身體的現象，包括眼睛看到的，耳朵聽到的，乃至聞到的、嘗到的、觸感到的、心裡想到的等等，我們須盡可能知道當下所有的現象。這個禪修方法是開放六根門式的觀察，可以在日常生活當中去修習。

　　去覺知自己在看，或者去覺知自己在講話的現象，是比較困難的。為什麼呢？這是因為我們缺乏練習，沒有練習這樣去觀照。禪修時，一般感覺最好的時候，是閉上眼睛的時候。我們很少去練習「看」，觀察自己在看、觀察自己觀看、作意地去看。

　　有一位禪修者報告說：我不敢睜開眼睛禪修，因為睜開眼睛定力就沒有了。我說：那麼，這個定力有什麼用？如果我們只懂得閉上眼睛修習，以一個所緣培養專注力；當我們張開眼睛，眼根接觸到其他更強的所緣時，專注力就下降，心就跟著所緣跑，定

力就消失了。所以睜開眼睛修習也是一個修定的練習。無論是睜開眼睛，或是閉上眼睛都能保持的定，才是真正的定。因為沒有貪瞋，而有智慧，即使張開眼睛，心也很穩定，這樣的定才是真正的定。

　　一般禪修的方式是閉上眼睛，覺知單一所緣，達到心的平靜，這種「定」在日常生活當中是用不到的。

　　佛陀說，修習四念處，培養覺知，是不應該受時間、地域的限制，也不應該受當下身體不適的限制，要在任何時候都有覺知。

睜開眼睛禪修

　　大多數人禪修時都是閉上眼睛的，但是無論是睜開眼睛的時候，還是閉上眼睛的時候，都應該有覺知。

　　如果修習時閉上眼睛，心太專注在單一的所緣上，在打完坐的時候睜開了眼睛，心的注意力自然會跑到眼根，去看外面的事物。因為眼睛接觸到的色所緣很明顯、很強烈，睜開眼睛不可能看不到東西，所以注意力一下子就跑到色所緣上面去了。

　　如果我們習慣把「看」作為禪修練習的所緣，只要眼睛看到東西就有覺知，以此作為培育正念的工

具,那麼只要眼根的看一生起,就有覺知,覺知就會持續。

我們必須要練習帶有覺知地「看」,否則在日常生活裡看見很多(我們喜歡或不喜歡)的人或東西時,煩惱就很容易生起,這樣定力就沒有了。

覺知地「看」的時候,觀察的所緣是看的現象,還是看見的東西或人?看見的內容都是概念法。如果注意力放在概念上,煩惱就容易生起,所以修習時心的所緣是在看的現象上,觀察的所緣就是真實法。

禪修的時候,我們要知道「看」和「觀看」的分別,就是「Seeing」和「Looking」的分別。「Seeing」是看;「Looking」是觀看,留意地看。心不用專注/留意也能夠看見,就算我們沒作意要看什麼東西,「Seeing」本身就發生了。如果作意用心去看一樣東西,這就是「Looking」。如果閉上眼睛,就看不見,但當我們張開眼睛,就自然會看。「看」是不刻意地看,我們也能夠看見東西。「觀看」是留意地看一樣東西,知道它的內容。只要試試看,我們是可以知道「看」和「觀看」的分別。這不會很困難,只需要習慣去做。

大家如果想在日常生活中禪修，一天中除了睡覺之外，我們有多少時間是閉上眼睛的？如果只有在閉上眼睛時才能禪修，那麼日常生活中我們根本不可能自然地去禪修，所以實際上應該更加善巧地培育睜開眼睛時的覺知。

　　佛陀說的看見就是看見，意思是說當一個人非常瞭解、明白看見的過程時，他會知道看見只是看見，煩惱就沒機會生起。看見就是看見，不是指摒除掉什麼東西，什麼都不知道、什麼都不看，那不是佛陀的意思。

　　剛開始禪修，心一般不夠強壯、敏銳，可能會昏沉，但是不需要難受，只需要持續地去嘗試保持覺知。如果昏沉嚴重的話，可以睜開眼睛。

眾多所緣

　　當心自然知道很多不同的所緣時，如果你想跟緊每一個所緣，就會覺得累，所以不要跟著所緣，不要太專注，只要知道就可以。

一個所緣或者是很多個所緣，
對禪修來說並不重要，
重要的是有正見和持續地覺知。
這兩項會令心穩定。

　　覺知可以同時觀察到心理和身體的現象，可以看到它們之間相互的關係。

　　我們所用的這種禪修方法不需要很深入地瞭解單一所緣，而是去培育覺知的心，所以多關注覺知的心是否存在，重點是知道覺知的心。

　　如果同時能看到很多所緣，那就順其自然地觀察，不需要把一個個所緣分開來觀察。

　　剛開始不熟悉的時候，有些禪修者感覺心覺察兩個所緣會很吃力，如果是這樣，那就一個一個地觀，熟練了，心的能力大了，自然可以兩個或數個一起觀，不費力。

　　去覺知所緣，開始時肯定觀察不清楚，這是自然的，要重複再重複地觀察，不要着急。一個所緣或者是很多個所緣，對禪修來說並不重要，重要的是有正見和持續地覺知。這兩項會令心穩定。

　　禪修練習就是要培育善巧的覺知，覺知所有看到、聽到、聞到、嘗到、觸受到和心的認知活動，也就是所有在六根門發生的現象。

　　若能平穩地觀察到多個所緣，在覺知很持續的時候，檢視自己有沒有覺知到能知的心本身。如果你能覺察到覺知的心，那麼覺知什麼所緣其實都沒

關係，所緣並不重要。覺知時，所緣可以是任何的色、受、想、行、識，我們只要守住覺知的心。覺知在心裡，而不在外面。

要培養覺知，一開始當然是要知道所緣。心觀察到所緣時，會觀察它、瞭解它，想去調查它，過程中有很多的心識在產生。但如果禪修時只專注在所緣上，我們並不知道禪修的另一半，也就是觀照、覺知的心，這樣瞭解便沒法生起。但如果保持持續地觀照，覺知有了一定慣性動力時，便會更容易看到觀照的心，覺知的心。必須讓覺知的心變成慣性，有了動力，才能在觀察到所緣的同時去觀察、瞭解覺知的心；繼而把覺知的心作為主要所緣，持續地練習，當覺知能穩住在像總經理宏觀的位置時，禪修就會變得很輕鬆，因為所緣都自動過來了。

覺知加探索、興趣，就是啟發智慧的關鍵。

開發探索的心

如何讓心保持持續的覺知？這與禪修者對修習的興趣、信心、精進力和智慧都有關。有時我們

也要時常問問自己，為什麼要禪修。如果心不時時刻刻覺知，心會怎麼樣？無明就會現前，這時所有的煩惱都會生起，所以我們要時時刻刻保持覺知。

在禪修中，我們可以觀察到很多體驗，但是並不理解它們為何發生。

很多年前，我跟雪吳敏大長老禪修的時候，會跟師父報告禪修經驗，譬如說觀察到呼吸時的腹部起伏。師父就會問：為什麼會有起伏？我說因為有呼吸。師父就問：為什麼呼吸？更進一步又問：鼻孔的出入息和腹部起伏哪一個先發生？從實際經驗上來說，我不瞭解為什麼？師父就說：那你去找答案吧。於是，我對此產生了極大的興趣，想搞清楚鼻吸與腹部起伏的關係，在打坐時沒有絲毫昏沉，前後花了七天時間去觀察，想找到答案。可是因為太想知道了，有貪心存在，心不平穩，不穩定的心是沒辦法找到答案的，因此七天都找不到答案。後來我就把這個問題放下，像平常那樣去打坐，不久之後答案突然就出現了。最終理解時我特別高興，因為這是親身體驗，不是思惟的結果，因此對禪修的興趣也隨之越來越強。

任何我們習以為常的事物，都可以作為禪修中的探索，讓禪修更有趣、更持續。例如兩個手指接

觸,可以觀察到幾個觸覺?這些看似簡單的目標,禪修者都可以用來觀察,以此提升興趣。

禪修者需要明白禪修的利益和沒有禪修的過患,以此提升禪修的興趣和好奇心。就像小孩,不用大人的提醒,他們自然也會有好奇心去探索這個世界,這種好奇心就是智慧的動力。很多禪修者都能觀察到心中的喜悅、快樂、煩惱,有時禪修順利,有時不順利,但卻不清楚為何會這樣。

有一位禪修者,在禪修中心住了四天,心已經變得比較平靜。我問他,為何心會平靜?禪修者無法回答。他只知道現象、經驗,但不知道為何會產生平靜的心,什麼因緣促成,整個過程如何?他並不瞭解。我們經常覺知禪修所緣,但並不知道禪修的心如何運作,缺失了很多資訊,所以對心缺乏全面的瞭解。

因此,僅僅覺知是不夠的,想要瞭解原因,是導致智慧產生的條件。用智慧去反思,去提醒是重要的。如果我們只是用思惟,而不覺知,當然是不夠的。但是,如果單是覺知,卻不加思考和探索,同樣也不足以令智慧產生。禪修者需要應用智力和正思惟去啟發智慧,並和覺知一起運作。問事物的「為什麼」是找到「因」的關鍵,也是增長智慧的方法。

要提高心的興趣，我們要學會對自己提一些問題，在什麼時候提問呢？應該問自己什麼問題？是否要有意識地去選擇一些問題呢？

這要看禪修者自己的性格。對於一些比較理性、思惟性向的人，心自然的會生起一些問題，會去想、去思惟。對於另一類人，可能較為被動的，他們可能不會有那麼多的想法，想去瞭解更多，當我遇到這類的禪修者，就會鼓勵他們多問自己一些問題，因為他們自己不習慣去問和想問題。

問問題是為了讓心對當下發生的事情更有興趣並進行探究，問問自己當下發生的到底是什麼現象，是怎樣的，為什麼？讓心更有興趣，至於是否找到答案並不重要。

調查，或提問題，能讓心感興趣，帶著想知道的心去覺知。心有興趣的話，便會去觀察，觀察持續並看到整個過程時，答案就自然會出現，並不需要刻意地去想答案，也不是去思惟答案。調查的意思，是有興趣地去觀察，讓答案自然出現。

任何與當下身和心有關的問題都可以問。在當下的經驗裡面，哪一個是所緣，哪一個是心，你瞭解嗎？這些都可以問，問問這到底是什麼東西，為什麼會發生，是怎樣發生的？

覺知在不在，能不能知道覺知的心？

好奇及興趣是由智慧在背後推動的，因為智慧的特徵就是想知道，想知道才會有興趣、才會好奇。每個當下的覺知，必須有想知道的心作為動力，才會想去觀察，想知道當下發生什麼事情？

譬如說你要做生意，想瞭解一件事，沒有人逼你，不用精進，你也會想方設法去瞭解，想知道怎樣做好這件事。

舉一個大家都知道的例子，牛頓的故事。牛頓坐在樹下看到蘋果掉下來，如這事發生在我們身上，大家大概看了以後，把蘋果擦一擦就吃了，這就完事了。但是牛頓就會想蘋果為什麼會掉下來，而不會飛上去。

有智慧的人、想培育智慧的人，經常會問問題，看到任何現象就會想這是什麼，為什麼會這樣，怎樣發生的？

譬如說我們每個人如果每天都重複做一些事，便會越做越熟悉，有些人從不厭倦，一輩子繼續做也仍然很喜歡，而且越做越有興趣，越做越開心，這就是興趣沒有間斷。修習也要這樣修，持續不間斷地去修習、培養覺知，令心越來越熟悉、越來越善巧，越修越喜歡，智慧、善法讓心越修越想修。

可以推動心向前、更想做的，就是明白體會其利益、價值，嘗到甜頭，親身體驗到它的好處。就像做生意一樣，如果從中獲利很多，是不是還會更想做、繼續做下去？

觀因緣

盡量觀察事情從因到果的整個過程。如果心持續地覺知，同時知道心的活動，身體的活動，以及它們之間的關係，從現象發生的開始、過程、到完結，都能如實觀察的話，明白看見了就會比較容易明白因果的道理。所有現象都是因果，沒有一個獨立自主的個體存在，全都是一個從因到果的過程。

但是因為沒有看清整個過程，我們就不知道因果關係，並把所有自然現象看成是自我的。

整個因果的過程，就是我們的經驗；經驗就是禪修的所緣；所緣就是名、色，即心、身。

心的造作

當心清淨時，禪修者有時會體驗到光明，光明是自然法。但在另一種情況下，光明是心製造出的產物，是概念。不僅僅是光，昏沉亦如此。如果打坐

所有現象都是因果，
沒有一個自主的個體存在，
全都是一個從因到果的過程。

時，心預期會有昏沉，產生了這種期待，昏沉就可能會產生。這些都是心的造作。

遇到修學上的緊張煩惱

緊張時如何處理？

如果禪修時心太緊張的話，要先放鬆，暫時停止禪修，先做休息。甚至不需要去想什麼是覺知，怎樣保持覺知。出去走一走，玩一玩。因為當你不知道應怎樣做，而繼續強迫自己的話，心就會越來越混亂、越來越緊張。

其實，心知道什麼是正確的，就像你知道緊張是不對的，但是你控制不了它，它就著急，這也是無我的顯現，是自然法，緊張就是緊張。如果心已經知道應該怎麼做，但做不到，硬逼下去只會適得其反，所以就乾脆先不要做。

另一個處理方法，是不要想把現狀改變。覺察到心很緊張，身體也會很緊張，或者自己不知道該怎麼修，有這種疑惑時，就只是覺知當下心的這種狀況，知道心當下有這種疑惑，帶著正見，去接受它，把狀況視為自然法，心可能就會平靜下來，這樣就不用停止禪修。

再有一個方法，就是可以修一些佛隨念或慈心禪。用一些其他的禪修方法，使心平靜下來，心慢慢的改變之後，再次嘗試修內觀。

當你發現自己的禪修方法出現問題時，最好就是暫停不要繼續。有時候，不禪修比花上一輩子錯誤地禪修還要好，別給自己和他人帶來不必要的麻煩和煩惱。

如何對待不善法？

認出煩惱以後，首先，要檢查有沒有正見，要知道煩惱不是「我」或「我的」，煩惱也是自然法，這是第一步，不用着急要把它消除掉。

第二，觀察煩惱到底是什麼東西，從中學習。要明白和瞭解在因緣條件具足的情況下，煩惱消失之後還會再生起的。有時候，我們因為想消除某個煩惱，結果可能促使另一個煩惱的生起。

煩惱生起時，我們能做的就是當下帶著正見去覺知、理解其運作。每次當心覺知到煩惱生起，並去觀察的時候，慢慢智慧也會跟著一起來。其實，是因為時時刻刻地去觀察心，有覺知在，所以才會發現有這麼多的煩惱在運作。這就是以煩惱作為所緣，當下觀察的心造的善業。如果當下我們抱怨，恐

懼，那就是在造惡業。因為之前造的不善業成熟導致當下的經驗生起，因不了解當下的經驗是自然法而生起煩惱，若當下又以煩惱去面對煩惱，就是在造新的惡業，種惡因。那不是雙倍的惡業嗎？所以當下應該盡量去培養正見和覺知。

有兩種禪法可以讓心不生惡法，一是修止，就是令心平靜，沒有五蓋；另一方法是用毗婆舍那[18]，就是當下心有覺知、有正見。無論所緣是怎麼樣，覺知的心仍然在善法當中。

修止只能暫時壓制，讓不善法不生起。停止修止時，控制不了不善法，它們肯定又會跑出來，不善法是不會自此消失的。如果我們修毗婆舍那，毗婆舍那的智慧越強，理解越強的話，不善法的力度就會越來越弱了。

給大家講一個中國禪宗的故事。有一對母女，雨安居的時候護持一位僧人修行。過了三個月，媽媽想知道這位和尚修了三個月有沒有進步，就教

女兒過去擁抱他一下，然後問他怎麼樣？女兒照做後，問他怎麼樣？這個和尚說：「我的心比石頭更堅定」。媽媽聽了說，這個和尚沒有什麼智慧，就讓他走了。

過了很多年，這位和尚又來雨安居。過了三個月，媽媽又讓女兒再去試試他，女兒又去抱了他，然後問他，你覺得怎麼樣？和尚這樣說：「你知道，我知道，不要讓你媽媽知道」。母親知道後說，現在這個和尚有智慧了！因為他現在能夠更加明白觀察到自己的心，真實的狀況是怎麼樣的。

對於煩惱，把它看成所緣，然後同樣地觀察它就可以了。

我們需要從這些煩惱裡面學習，瞭解它們是怎樣的，跟心是什麼關係。然後，在日常生活裡面應用所學到的。同時，要保持覺知，以及心的穩定和智慧。這樣當煩惱生起時，心就不會那麼容易被煩惱佔據。

正確地「接受」

「接受」，意味著接受已經發生的現象（例如煩惱），但不代表去跟隨它、隨順它。現象已經發生

了，我們接受它的發生，然後如實觀察它。有人認為接受就是捲入其中，其實不然。接受它的發生，但不是縱容它，也不壓抑它。

如果隨順它、縱容它，我們就走到一個極端；如果壓抑它，就走另一個極端；帶著正見去觀照它，就是中道。

正見帶領的覺知就是八正道之一，正確的道路，正確的方法。

佛陀教我們中道，中道就是不跟著現象走，但也不去壓抑它。

在禪修的過程中，初學者往往會勉強自己去接受一些不佳的身心體驗。然而，在內心深處卻並未接受，反而有種抗拒。真正的接受和理解，是基於心理解發生的一切都是自然現象，並非你我的問題，只有理解和智慧才會真正接受。不必勉強去接受，也不要強迫自己去接受。如果心的確不能如實的接受，就只要如實的了知心不能接受即可。不需要改變現象，如實觀察就可以了。

接受當下發生的事，是因為理解，而不是被動挨打。心持續的觀察所緣，例如當下抗拒的心，要知道觀察的心是一個善心，正見也是一個善心。

禪修者經常有錯誤的認知，認為觀察到有煩惱是不好的，所以懼怕煩惱，抗拒煩惱。但是我們忽略了當下的經驗是過去所造業的果，不是我們的錯，也並不是能由我們控制，而是因緣和合。但因不瞭解當下的經驗是自然法，煩惱就產生了，這煩惱也是自然法。其實，覺知到煩惱的心本身就是善法，我們應該覺得高興；即使覺知很弱，也是不錯的開始。

　　如果煩惱很重，而智慧和覺知不夠，面對不了時，可以先轉換所緣，可以改換一個中性的所緣，例如呼吸，直至心平靜下來，再行觀察。

　　煩惱的減弱有兩個階段，第一個階段是，觀察煩惱的時候，由於心不是百分之百捲入其中，所以煩惱會減弱；但是，這樣智慧還是不夠，心還不瞭解這個煩惱，所以以後因緣條件具足時，煩惱還會再次生起。第二個階段是，經過重複的觀察，當智慧足夠強時，就能理解所有現象都是自然法，譬如禪修者明白了聲音只是一個所緣，這樣真正明白了以後，就不會因為聲音而生起煩惱。

　　六根門所有的所緣都是這樣的，譬如這位禪修者明白了聲音只是一個所緣，那之後看見的、聞

到的、嘗到的、感觸到的（包括痛受）、思想等等，
都可以這樣去觀察。

習性反應

我們一般慣性的反應，多是由煩惱所驅使的，
是無明。如果在做任何事的時候，能先知道自己的
想法，再想怎樣去做，然後再去做的話，這個時候
就是智慧驅使的。說話也要如此，先知道自己要說
什麼，再想清楚，然後再說、再做。我們看一個東
西，也要先知道心在看，然後再去看。

每當我們有分別心，生起喜歡、不喜歡的時
候，我們必須要帶著正見去知道，用正思惟、正見去
觀察，去瞭解，學習這種反應是怎樣運作的。那慢
慢這種習性反應就會越來越弱。

當覺知持續並善巧後，習性反應就會比較弱，
而且發生的次數也會減少，這就有空間讓心可以瞭
解，用智慧去面對事情。

如何面對恐懼？

如果你知道恐懼只是思想，你就不會怕了，很
多東西都是心想像的。

121

在禪修中心有個越南比丘，他獨自住在茅棚修行三個月，每天去打飯後，就回到小茅棚修行，他獨處一段時間後，恐懼心就開始生起。有一天，他去洗手間時，開門之前心就想著打開門就會看見一個沒有頭的人坐在馬桶上，心裡出現這樣的影像，他馬上認知到這是他的想像，開門以後什麼也沒有。如果他不知道那是心幻想的話，他可能會很害怕，開了門可能以為真的看到沒有頭的人。

有時候，心的定力很強時也會生起幻想，還可能把幻想誤以為真。因為眼根和意門的反應是很快的，看到一根繩子，心裡想到是蛇。思想的感知比眼睛真實看到繩子更強時，就會被嚇到了。

恐懼生起時，只需帶著正見去覺知恐懼和當下的思想，客觀地觀察。

如果越觀察，恐懼就變得越強，強大到無法面對。這是因為觀察的心態不正確，因為帶著貪、瞋去觀察、覺知；而不是帶著智慧、正見去覺知。

正確的方法是明白恐懼只是感受、只是因緣法，因緣條件具足，就有這樣的現象產生。思想只是心想像的，把它看作所緣，明白它是自然法，這樣觀察的話，恐懼就不會增強。如果運用了正確的方法

後,恐懼還是控制不了的話,先嘗試去觀一個中性
所緣⑲。

　　有個禪修者喜歡旅行,有一次掉到水裡,在生
死之間,沒有辦法觀察思想和感受,想起禪師說的
觀照中性所緣,心馬上觀照呼吸,心就平靜下來,
他就不慌了,能處理眼前的事。這個禪修者智慧比
較強,在危機情況下,情緒很強,單是覺知沒有辦
法發揮作用,改變所緣,讓心平靜下來後便知道該
怎麼做了。這些情況下,念佛也可以,只要是可以令
心平靜下來的工具都可以用。

　　為什麼我們會怕黑?是因為我們看不見,不知
道外面有什麼東西,所以心就會去想像,喜歡想什
麼就想什麼,所以才會害怕。

---

⑲ 中性所緣:不會導致苦受或樂受的所緣對象。

我們要去觀察學習到底心在害怕什麼？鬼不是在外面，而是在心裡面。如果真正明白了鬼是心想出來、創造出來的，那就不會害怕了。

　　其實，是思想背後的錯誤見解導致恐懼增加。什麼錯誤見解呢？就是相信那些想法是真的。如果那些思想繼續下去，而心繼續相信它的話，恐懼也會繼續增加，因為思想和感受是有關連的，感受就會因思想而增強或減弱。

　　恐懼生起時，先觀察恐懼的心，等到恐懼消失後，再思考事情應如何處理，然後去做。不要帶著恐懼去思惟，去做事情。以恐懼的心去看事物時，所有的事物看來都很可怕。這是心的本性。

　　有一個禪修中心，齋堂的距離比較遠。一天早上，一位禪修者，天還沒亮就走去齋堂。因路比較遠，天也很黑，他看不見。他一邊走，聽到有聲音就回頭看，但沒有東西；然後他又走，又有聲音，他再回頭看，又沒有東西；接著他就害怕起來，就一路往齋堂跑，跑到有路燈的地方時，他的心就比較

安定下來。因為能看見東西，就不那麼害怕了。這時候，他繼續走，怎麼還會有聲音啊？後來，他發現其實是自己的拖鞋聲。因為恐懼，他誤把自己的拖鞋聲當作是有東西跟著他。

滅瞋的方法

瞋心生起時，如果你能知道瞋心是自然法、因緣法，它只是心觀照的所緣，如果真的能這樣去對待當下的瞋心，瞋心就已經消失，或者減弱了。

因為這是智慧，是真的瞭解，因為有智慧才會有這種看法，如果智慧夠強的話，煩惱就會消失。

如果把注意力集中在瞋心的所緣上，那麼更多的瞋恨煩惱就會生起。如果把注意力集中在觀照和覺知情緒與感受上，那麼，瞋恨和煩惱就不會把心淹沒。

如果以瞋心為所緣，但瞋心還是繼續增強的話，是因為運用不正確的態度，那麼暫時就不能用

125

瞋心作為所緣去觀照,先檢查心有沒有正確的態度,或先換一個中性所緣。

我們必須要持續地去禪修,去觀察、去培養覺知。當覺知強了,善心時時刻刻都做好準備,瞋心一起,心馬上就知道,這樣瞋心就不會失控。

當瞋心生起的時候,觀察瞋心,或者改變態度,瞋心就消失的話,這是個很好的方法。但這還是不夠的,我們還需要去查看,在沒有瞋心的時候,心輕鬆了多少,96%、97%、98%、99%......是否已經輕鬆了很多很多......如果瞋心持續,心又會感覺怎樣?

當發現有瞋心生起的時候,去觀察當下的感受及思想,但別讓心迷失在思想的內容裡,這樣心可以觀察到思想跟感受的關係。

每一個知道的心都有一個所緣,不善心、煩惱的所緣,是概念、故事內容。而內觀智慧的所緣是真實法,所以禪修觀察時是觀察真實法,譬如當下思

想的生起，當下的感受是怎樣？這些心直接能體驗到的，是真實法。如果禪修所緣變成概念、變成故事內容，那煩惱就會繼續或增強。

你會發現如果我們認同瞋心裡的故事內容，繼續想誰是誰非，或認為瞋心是我的，那瞋心的感受會持續下去；但如果我們把思想、瞋心都當作是觀照的所緣，沒有被捲入思想內容裡，如實觀察思想及感受，知道思想只是思想，感受只是感受，而不是個人的東西，這樣帶有正見和正確的態度去觀察的話，瞋心或煩惱必定會慢慢減弱。因為瞭解了因果關係，而停止了無益的思想，這樣觀察便可以從中學習到思想跟感受的關係。

在瞋心生起的時候，特別要注意心此時在想什麼？譬如我們看到東西時，心就會有反應，你能觀察到看到的東西和心的反應嗎？看到不喜歡的東西時就有瞋心生起，我們一般會以為是這個東西讓瞋心生起，而沒有發現，看到東西後心會產生想法，其實是這個想法讓瞋心生起，不是這個東西讓瞋心生起。

127

煩惱的生起和消失在乎於心對所緣的想法，不在乎於所緣。

觀察煩惱的時候，如果有覺知和智慧，是帶著平等心觀察整個過程的。但是如果在觀察過程中瞋心又生起時，必須檢查是否有帶著正見去觀照，如果有正見，瞋心馬上會滅掉，這是第一步。

第二步，就是當智慧越來越強時，在觀察過程中，正見、正思惟及覺知都很強的話，瞋心根本就不會生起。

我們應該這樣觀察瞋心。首先，觀察瞋心是怎麼樣的？當下的感受是怎樣的？生氣的時候，重複地觀察，便會重複地發現瞋心怎樣令我們痛苦。

其次，可以看生什麼氣，氣誰，瞋心的對象是什麼？不用刻意去思惟，其實，心已經知道。

　　心為什麼會生氣？其實是貪，因得不到想要的，就會生氣。心像一個鐘擺，一般來說，不是喜歡，就是不喜歡，擺來擺去，留在中間的時間很短。不喜歡是因為得不到想要的東西，當你看到這個原因時，心可能馬上就不氣了，大家可以自己觀察。

　　其實，善心和不善心都有相同的性質，只要我們不斷地重複培養善心，善心就會增強，這也就是禪修的意義。如果不培育善心，不善心就會不斷增強。倘若一個人的瞋心本來就很強，加上他平時經常允許瞋心反覆出現，那他的瞋心就會越來越壯大。

讓瞋心歸零的故事

　　我以前是一個脾氣很不好的人，現在很多人見到我，說我很有耐心，脾氣很好。但是我以前不是這樣的，我以前脾氣很急躁，一不開心就發脾氣，有時還會摔椅子、砸東西。

　　大概20年前，我還是個生意人，已禪修了很長的一段時間，家裡的人都知道我很用功禪修，那時

心像一個鐘擺，不是喜歡，
就是不喜歡，擺來擺去，
留在中間的時間很短。

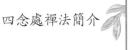

我持續地觀察自己的身和心，就像現在教大家的一樣去做，大概五個多月都沒有發過脾氣。

有一天，我身體不舒服，但照常去上班，剛好那天生意不順，加上身體不舒服，整天心情都不好。晚上回到家，因為弟弟是醫生，就向弟弟要點藥吃；遇巧弟弟那天心情也不好，互動當中，說了一些話，不知怎麼說的，當時我記得在自己發怒之前的最後一個思想是：「你敢這樣對我說話？」那個思想生起後，怒火就爆發了，之後就一個拳頭打到牆上，把自己的手都打傷了，完全是毀滅性的發狂。家裡人很恐慌，都被嚇壞了！最後，我姐姐走到我面前說：「你不是禪修的嗎？」我當下彷彿當頭棒喝似的，忽然想起：「是啊！」這樣，覺知就回來了。

當覺知一回來，心裡馬上回顧發怒前一整天的經驗，心意識到發生了什麼事，並看到其「因」是心發怒前最後的那個思想，「我」被傷害了，弟弟的一句話，傷害了我的「自我」，於是心發怒了。當心看到這些「因」之後，怒火馬上降下，瞋心也消失了。我痛定思痛，決意以後再也不能這樣，我那時真正明白了瞋心的可怕。

我知道了瞋心的過患，它在那裡隱藏了很久，像被壓在五指山下的孫悟空，一有機會就來一次大

爆發。我從這個經驗中也明白到,瞋心從零到一,如不及早平息的話,它就從一變成二,可能從二到十,到一百......很快的,星星之火可以燎原。

因此,不能讓瞋心從一升到二,必須趁它一出現時立即處理。在之後的日常生活中,當我一察覺到瞋心出現,就馬上全力以赴地觀照瞋心,甚至把手上的事都放下,直到瞋心歸零後,再去做別的事。瞋心一點也不能姑息和縱容,因為它很容易失控。我就是這樣小心地看住瞋心,慢慢變成了習慣,之後的二十年就再也沒有爆發過。

杜絕牢騷話

這件事後,我的嫂子和哥哥會來到家裡,嫂子想跟我傾訴一些事,說事情之前她的開場白是:「其實,生氣沒問題,生氣是好的,緬甸有一種說法是讓不開心的事發洩出來是好事」。

但我不認同,馬上說:「不對」。發脾氣不可能是好的,不能讓瞋心生起。每當她講一句,我就反駁,因為我真正地明白瞋心沒有一點利益。我為什麼不讓她說呢?因為嫂子想說那些事,讓她生氣,發牢騷,數說別人的不是,導致瞋心增長。因此,我不給她機會說這些事,免得瞋心蔓延。

大家有情緒時都想找人傾訴，找到有同情心的人就接受你的抱怨，一起批評，一起陷入負面的心境裡，所以我不聽別人抱怨的事，也不給別人機會說負面的事，因為重複這些事只會帶來新的不善法。

貪愛是無明

貪愛並非某一個人的個人問題，其實是每個人都會有的問題，而貪愛是基於深深的無明。智慧和瞭解是唯一能減少貪愛及無明的方法，也就是禪修者一步步積累的聞、思、修、慧。

試想你有兩個杯子，一個是高品質的名牌貨，另一個是廉價的山寨貨，如果這兩個杯子都打碎的話，哪一個杯子打碎的時候你感覺更痛苦？一般人都會覺得名牌貨更心疼。因為他們已經認定便宜貨是無常的，容易損壞的。價格昂貴的物品，像鑽石一樣，可以永遠使用，是恆常的，帶有很多期待。我們在購物時，對價格高的商品不知不覺中已經產生了期望，當期望沒有達到時，瞋心就會生起，產生痛苦。我們要由此明白心運作的原理，明白貪愛的苦。如果我們在這些經驗中學習得不夠徹底、不夠深刻，那這些經驗會反反覆覆的出現，也許今天是杯

子，明天是盤子，後天可能就是車子、房子......只是形式不同，苦受相同，我們需要從中學習。

靠意志力在思惟、行為上放下執著、貪愛，是很難做到的。對於任何煩惱、任何東西，如果我們不瞭解、不明白的話，是放不下的。大家知道貪愛的性質就是黏著、執取，只有智慧才能把煩惱減弱，我們只能通過觀察這些煩惱，去瞭解它，從而培育智慧。

放下也是自然法的運作，靠自我是無法放下的，如果「我」可以放下，我們早就放下了。

我們仍然享受貪愛想要的東西，是因為智慧還不夠強，理解還不夠深。我們的貪愛強過於智慧，所以被貪愛佔了上風。如果智慧強過煩惱，就不會生起貪愛。

舒服的感覺是一個所緣，不一定是貪愛。但如果我們喜歡這種舒服的感覺，希望常常都是這樣，每次都是這樣的話，這就是貪愛。

對一個所緣或者一個現象，你有多少分的喜歡？當得不到的時候，就有多少分的瞋心和多少分的生氣！這是一個自然的法則。心在兩邊擺來擺

去,在一邊擺到30度的喜歡、執著,得不到時擺到另一邊就有30度的不喜歡、瞋心。

一個家庭成員死了,為什麼家人都會很傷心、很悲痛?為什麼外人沒事呢?大家想一想......就是因為有很多的愛執。一起生活,每天共處、每天見面,我們的貪愛是自己覺察不到的,因為已經習以為常,每天這樣的累積,大家可想而知貪愛有多深?如果心不兩邊擺,而留在中間,盡量不讓貪、瞋生起。這樣的話,人活著的時候開心,人死了也一樣開心,沒有苦。

在茶館裡面大家聚在一起喝茶,離開了也沒有人哭,對不對?揮揮手就分開了。同樣道理,我們跟家人聚在一起,就像我們跟在茶館一起喝茶的人一樣,喝完茶了,他走他的路,我走我的路,也許是下一生再見。

為什麼人死了我們會哭?不能像茶館那樣?是因為大家一起喝茶的時間很短嗎?其實,我們一生和其他人聚在一起的時間也很短,所以聚在一起時開開心心,分手時也開開心心說:再見,明天見!也許是下一生見!應該這樣,有智慧的人會這樣。

我們一生和其他人聚在
一起的時間也很短,
所以聚在一起時開開心心,
分手時也開開心心說:再見,明天見!
也許是下一生見!

大家看到自己心愛的人時，觀一觀自己，對這個所緣的執取、貪愛有多重？要經常去檢視一下。

　　光是提醒自己不要執著並沒有用，貪心的本性就是會貪愛。禪修者的責任是要去觀察貪愛，瞭解貪帶來的過患和痛苦。只有認識到這一點，才可以真正與貪愛保持距離。

　　至於慈心和貪愛的屬性完全不同，慈心是無條件、不求回報的仁愛，而貪愛執取只是煩惱的體現。

欲望導致抑鬱

　　抑鬱是一種瞋心，因為得不到想要的東西時，心不高興，會沮喪，再下去就會抑鬱。每個人的一生或多或少都會經歷過抑鬱，只是程度不同而已。

　　視乎想要的欲望有多強，有多強的欲望得不到時，抑鬱就有多重。一開始我們得不到想要的東西時，心就開始不高興，那時其實還不是很嚴重；可是心又開始想要，還是得不到時，就更不高興了；然

137

後，就開始覺得沮喪，煩惱越來越強。如果這想得到的心一直持續下去的話，就會越來越嚴重。

如果我們能夠明白，感受是感受，煩惱是煩惱，不是個人的，不是我的，只是所緣的話，貪心就會減少，貪心減少的時候，瞋心也會相對減少，抑鬱也就會減少。

很多人覺得每天生活都是一樣，刷牙、洗臉、吃飯、上班等等，抑鬱的人看這樣的現象就覺得絕望和沒有趣味，不知道怎麼辦，這是有問題的心態。正常人一般會覺得這是新的一天，不覺得和昨天一樣，會好好的去過，充滿精力的去過。而禪修者看每一刻都是新的，和之前肯定是不一樣的；每個當下都是新的，所緣和心都是新的，帶著這樣的認知去觀照、去體驗就沒有問題了。

我出家前，曾有重度抑鬱症。當時心很苦、很消沉，沒有動力，非常恐懼，單靠個人的力量很難脫離這樣的狀態。當時從早晨醒來開始，心無時無刻不在苦當中，沒有一刻停止。我嘗試過很多方法，想重獲正常的心境，可是都沒有用。我嘗試去旅行，去以前最愛去的地方，但發現無論身在哪裡，苦及苦因都在心內，都逃脫不了內心的痛苦。最後，我想到了禪修。

那時，我想瞭解心為什麼會這樣。我只問了一個問題，心為何會苦？如此從早到晚，一刻不停的觀察，經過三、四個月反覆的觀察，雖然心還是無時無刻不在受苦，但是終於突然在一剎那體驗到心沒有苦的狀態。就只因那一剎那，我相信，禪修是能對治苦的方法，然後就繼續不斷的修習。我花了兩、三年的時間，在日常生活中不間斷地觀心，有時整天都像在看恐怖災難電影一樣，但時間久了，就不會被思想內容所嚇到，或欺騙了。從而，深刻地瞭解到心是怎樣運作的。

　　最後，禪修實際經驗到抑鬱的根本原因是貪心和無明。想要的東西太多，背後就是無明。得不到想要的東西就沮喪，要不然就抑鬱，要不然就很憤怒；憤怒是外向的，抑鬱是內向，抑鬱是內在的瞋心，向下沉的。

　　有個人有十艘船，有艘船下沉了，他就自殺了，他就沒想到還有九艘船，想的是失去的是什麼，船有多少價值，他損失多少，心想到是失去的，而沒有想到還有多少，這船曾經幫他賺過多少錢？他不會這樣想。

　　年輕的時候，我希望每時每刻都快樂，所以為了追求快樂，我什麼都去嘗試，但很快就發現，所

有能做的，都不會帶來真正的快樂。貪心造成抑
鬱，似乎是一個很簡單的答案，但花了很多年在體
驗中去明白這個道理。

苦和快樂是內心的問題，沒有外人可以讓心快
樂或者不快樂；也不要相信有人可以令我們快樂，
如果我們相信某人可以讓自己快樂，那就是最愚癡
的想法。

貪順境

每個人都有很強的貪，時時刻刻都有貪，一生
一世都在貪。例如人們對於生活，總是希望一切都
是順順利利、平平安安，這其實就是很強的貪，但
我們並不察覺這潛在心中的貪。許多小事情，例如
想要每晚睡得好，心有這種期望，當旁邊有人打呼
嚕，就起煩惱了。當外界的環境未如所願，心就不安
了，心經常在不安當中。

有些人似乎是要求不多，只覺得一切應該順
利，覺得是理所當然的。你看，如果我們並不發現
自己心裡面懷著這種希望的話，結果當十件事中有
一兩件事未如所願時，心就開始不安，開始不喜歡
或感到沮喪；如果有五件事未如所願，有可能就脾
氣爆發或抑鬱了，那如果有九件事未如所願，會怎

麼樣？瘋了？這都是瞋心的表現。有些人遇到未如所願事的時候會退縮，例如參加禪修營時，如果營裡有人打呼嚕、吃的不好、沒有熱水等，有些人忍受不了，就回家了。

「貪」會導致心焦慮、不安、擔心，因為要求太多了，要知道人生不如意之事十常八九，這是老生常談。從現在到將來，或許有一半以上的經驗，都會有不如意或困難，例如：年紀漸大、生病、死亡，這一切都是自然的，自然中不是一切都能如意，不是一切都美好的。

大家不要抱有期望，一切都會萬事如意，我之前已說過：發生在我們身上的事，要有50%好的，50%不好的打算，因為我們善惡業參半，50%只是保守估計，以後甚至有可能會有更差的事情發生。

為什麼我這麼肯定呢？我們面對的每個人都會越來越老，身體會有越來越多病痛，必然會死，不只是自己有這樣的過程，身邊的親人、愛人也會這樣，我們要和他們分離，這些就是最大的苦，所以說50%不好的事是保守的估計。

我有個親戚是退休軍人，在60歲之前身體都很強壯，從來沒生過病，對自己的健康很自豪。後來

身體變差了，人很瘦，檢查後發現有直腸癌。每次家人去探望他的時候，他就使勁說自己過去身體怎麼好，怎麼本事，永遠沉醉在過去，拒絕面對現狀的病痛。我嘗試說服他接受現在，好好療養，他都充耳不聞。他對佛法沒有很深的認識，佛法也沒有辦法幫助他，結果他的死亡過程很痛苦。

慈心

慈心和貪愛是不一樣的，我們可以充分開發、培育慈心，但不要有貪愛，如果有貪愛和執取，肯定會有傷心。慈心就不一樣，慈心是無條件的，無論慈心的對象好不好，無論是活著還是死了，無論是做錯了，還是怎麼樣，慈心還是在的。

慈悲心是善心，所有的善心裡不應該有不舒服的感覺。善心是平靜的，不善心則是不平靜的。

慈悲心生起的同時，也會有感受、思惟，但這感受、思惟是緣於慈悲心而生的。慈悲心本身是無形無色，它有它的作用，需要不斷地去觀察。但我們可以透過這些感受、思惟去覺知到慈悲心。沒有瞋心時，慈悲心會自然生起。慈心會祝福一切眾生快樂，安康；悲心會祝願苦中的眾生離苦；喜心會隨

喜眾生的成就；中捨心遇到自己無能為力的眾生，則平等心以待。這是智慧在自然運作，並非是在有煩惱時去把慈悲心作意出來，勉強生起慈悲心。

有禪修者問：我出家已經有很多年了。現在兩個兒子忙於他們自己的事業及家庭，前夫年紀大了沒人管，大小便不能自控，孩子要送他來寺院，要我照顧他。我真是好心沒好報，辛苦養大了孩子後才出家，以為斷了俗緣，但現在竟然是這樣。請問這是什麼因果？

我回答：這不是麻煩事，如果你以慈悲心去照顧他，這是好事，是善事。你出了家也在幫助別人，陌生人也幫助，以幫人的心去幫他，以出家人行善的心去照顧他，並不是一種被迫要負的家庭責任，這也是你修行的一部分。

我家也是這樣，兄弟們都出國了，爸爸、媽媽都很老了，八十多歲，雖然我出家了，也要照顧家人。對於家人，不是完全不管，也不是因為他們需要我的照顧，是因為這是個可以培養善心的機會，可以孝順父母，做好事，對我來說是應該做的。

143

你的前夫是老人，不能自控，不是他想要這樣的。其實，這個機會是讓我們培養善心的時機；你要成佛，出家就是要證佛果成佛，這是你培養慈悲心的機會。如果沒有能力幫他，就放下；如果有能力、有因緣，能幫他是好事，如果環境、寺院，還有你自己的健康允許幫他的話，這是個培福的機會，培養智慧的機會。

做好人不容易。如果你覺得這是兒子的責任，你出了家就不用管了，那麼他來了，煩惱就生起了。但是如果你改變自己的想法，他來是給你做善事的機會，帶著這樣的心態去做事，去禪修，就會有好報。煩惱是魔的心，要將它變成佛的心。

兒子怎麼做是他們的事，這是能幫你培養福報的機會。你們以前在一起的時候，你出家以前，他沒有對你好過嗎？你們曾經也有很好的時候，對不對？你們兩個以前在一起養孩子、照顧家庭的時候，感情不錯吧，也是很相愛吧？

這是你的因緣，很深的因緣，如果你覺得不關你的事但卻要照顧他的話，你會覺得痛苦，但你可以把他當作是個普通的眾生，能幫他就幫他，是你自己的善事，會有善報的。寺院也有其他的老人，你

現在不是也照顧他人嗎？你就當他和其他人一樣的
照顧，不要當他是誰，有能力就照顧，沒有能力也沒
有辦法。對不對？

　　佛陀讓我們修四護衛禪，佛隨念、慈心觀、不
淨觀和死隨念，當我們正確地修四念處的時候，這
些自然就照顧到，會自然開發出來。為什麼修四念
處就不用刻意修四護衛禪呢？因為修四念處，智慧
生起了，自然就感恩佛陀！因為智慧是佛陀的特徵，
「佛隨念」自然就修了；瞭解到瞋心的時候，就看到
它的可怕，自然知道「慈心觀」的好，無瞋的好；看
到苦和不如意的時候，自然就有「不淨觀」，不覺得
身心是個清淨的東西；經常看到所有的東西都是不
確定、會改變的，一切都在變動當中，自然知道「死
隨念」，死亡是必然的，所以不需要刻意修，自然就
有這樣的知見。

禪修之應用：
日常生活中的修習

禪修之應用：
日常生活中的修習

日常生活中修行的重要性

佛陀那個時候沒有禪修中心，大家只是去聽佛陀的開示，然後就回家練習，可是那個時候卻有很多人可以開悟。我們去禪修中心，就是去專心修行，從早到晚我們心裡想著要保持覺知。但很多人回家後，就很難保持持續修行的心，所以在家和在禪修中心的修行就不一樣。如果我們回家後，能持續在禪修中心的修習，還是可以照樣令智慧增長的。

我們在這禪修中心每天醒來後第一念是什麼？覺知、覺知、覺知……但回家以後，醒來後想的是今天要做這個，今天要做那個，而沒有想到要保持覺知，所以結果也就不一樣了。在家裡，這件事情也很重要，那件事情也很重要，所以就沒去保持覺知的心。可是在禪修中心，培育覺知最重要。如果明白了這一點，你的想法就不一樣了。

大家都說想禪修，但我知道很多禪修者只想有時候禪修，不想全天持續禪修，因為大家想要享受生活。

　　如果對我們的生命而言，禪修真的是最重要的事情的話。那麼，在家也好，在禪修中心也好，都一樣可以修習。如果把在日常生活中做的任何事情，都視為修習，保持覺知，就可以做到修習的效果。就像在禪修營裡學習怎樣去覺知、去看、去聽、去聞、去覺知動作等等，依這方法去練習，回家後，在日常生活裡可以繼續運用。

　　一開始的時候可能有點困難，但要提醒自己去覺知，就像在禪修營裡修習了幾天以後，慢慢讓覺知成為慣性動力，心就能自然地去覺知。這時就不需要刻意地讓自己去覺知，因為覺知已經變成慣性。回到家也一樣，培養慣性動力仍是非常重要的。

　　回到家，有很多刺激的事物，讓心很興奮，所以我們要學習如何在日常生活中保持心的平穩。因此，我鼓勵大家睜開眼睛看著外面世界的同時，觀照自己的內在。我們很容易一睜開眼睛，心就跑到外面的所緣。我在出家前，還在工作時，經常不閉眼整天保持覺知，因為商店每天都有顧客上門，不

可能閉著眼睛打坐,所以就練習睜著眼睛,但心在觀察內在,觀察六根門,而我教授給大家的就是在日常生活中可以練習的方法。

我相信法,因為我知道法的利益。如果正確練習,就能培養善心。善心強的時候,無論這個人有多壞,禪修都能改變他。

在我未出家前,仰光發生了一件怪事,印度廟的門口有兩個大象的石像,有人把牛奶放到石頭上去供養石像,每次牛奶都不見了。大家都覺得很奇怪,想看是否石像會喝牛奶的?所有人都去看,只有我坐在店鋪裡沒有去。

有個人走過來問:「你怎麼不去看呢?」

我說:「有什麼好奇怪的?要看奇怪的事,不如看看我。」

為什麼?因為鄰居、朋友都知道,我年輕時是個很壞的人,現在卻變成這樣子,是不可思議的。很多人都問我,發生什麼事了?你為什麼變成這樣子?我的改變真比那個石像喝牛奶還要奇怪呢!

人是最難改變的，但只要在日常生活中持續練習，你的心會變得越來越成熟、越來越平穩、煩惱也越來越少，沒有太大的事能令我們生起煩惱，生活就會變得很自在、很祥和。

如何在吵鬧中修習？

　　我出家以前，有個時期患有嚴重抑鬱，那時候我是用持續的正念戰勝了抑鬱。在患病的那段日子裡，我嘗試過很多方法都沒辦法走出抑鬱，而只有在正念持續時心才開始有力量。因此，在日常生活中保持覺知慢慢地變成了習慣，就算有人不讓我禪修，也是不可能的。

　　我有一個阿姨知道後，就說：你怎麼時時刻刻都在修行？不用這樣的。

　　我說：我想停也停不了，覺知已經變成有動力的習慣，看的時候，覺知有在；聽的時候，覺知有在，停也停不了。

　　我以前是商人，每天有很多客人光顧商店。一般人會選擇一個安靜的地方禪修，因為人多或吵雜的地方沒辦法禪修，但是因為要工作，我就在店鋪裡修習，雖然人多、事多，但我刻意地這樣去修習、訓練，後來人多的時候反而更容易保持覺知。

151

在日常生活裡，有覺知的時候我們知道，覺知低弱的時候我們也知道。然後，再去檢查一下為什麼？什麼時候覺知丟了，為什麼丟了？這樣去練習，反省的話，在日常生活裡面可以保持覺知的。

心有一個操作模式，遇到相應的所緣就有相應的心生起，譬如在人很多，很亂的時候，心也比較容易亂。但這個時候如果有覺知，就可以在這種情況下練習怎樣保持穩定的覺知，一有機會就這樣練習，慢慢地心也會變得善巧，再把熟練變成習慣，當每次有類似的情況出現時，覺知就會生起。

我練習在任何情況都保持覺知，在任何情況下練習。因為我知道如果沒有覺知的話，心會有多麼的不安、多麼的苦、多麼的不穩定，所以我嘗試盡量地去保持覺知，令心不受環境的影響。

在家時，父親總是派我代表家裡出席親戚朋友的婚禮。緬甸華人的婚禮會請很多客人，那時我很想安靜的修習，不想去很吵鬧的地方，但是沒有辦法，還是要去做這些應酬。

我記起師父曾說：修行並不是摒棄一些所緣或經驗，而是摒棄煩惱，所以什麼東西都是可以把它看成為所緣來觀察。因此，我想：好，就讓我試試看。

然後，當我去參加婚禮時，便把那裡所有的東西視為所緣去觀察。看見人很多，聲音很吵鬧，覺得心煩意亂，每次當有這種感受的時候，我就觀察自己。久而久之，我發現震耳欲聾的音樂也是最好的所緣，只要觀察自己的心，覺知就在心裡。人多的地方也好，吵的地方也好，心都能夠修習，能夠保持覺知。心既有覺知也穩定。因此，我的信心也開始越來越強，覺得自己在這樣的環境裡也可以禪修。以後每次收到婚禮請柬，誰結婚都不重要，只是看看時間、地點就去了，宴會廳就是我的禪堂。

在什麼情況下比較容易得到心的穩定？在很安靜舒適的禪堂禪修，還是在吵鬧的大街上，交通堵塞，司機互罵的情況？當然是安靜舒適的禪堂。那麼，現在我問大家在哪一個情況更需要心的穩定？如果我們只在安靜舒適的地方修習，那麼在日常生活中更需要穩定的心和智慧去面對的情況下就應用不上了。在一個吵鬧的地方修習是不容易的，可是我

們必須要有堅定的信心，去觀察，保持覺知，覺知要比以前的更強。

其實，在吵鬧的地方也很容易保持覺知的，因為有這麼多而明顯的所緣，心不用特地去找所緣，如果有正見和正確的態度，修習也會變得比較容易，這都視乎我們的觀念和態度。

如果我們執著固有的想法，認定比較喜歡安靜的地方才好修習，當我們沒有得到自己想要的環境時，瞋心就會生起，這個抗拒的心讓我們不能夠在比較吵雜的環境下修習。

有時候，禪修者習慣觀呼吸和腹部起伏，如果在吵雜的情況下沒辦法觀呼吸或腹部起伏，抗拒的心就會生起，這時候也沒辦法禪修下去。

在日常生活中有很多不同的聲音，心很容易就會關注外面的聲音，而沒辦法專注在呼吸上，在得不到自己所修的主要所緣時，就好像沒辦法禪修一樣。舉個例子給大家：在婚禮上，最明顯的所緣是音樂，因為有很多的樂器，有樂隊在現場奏樂，聲音很明顯。於是，像遊戲一樣，我嘗試把音樂中的各個樂器部分分開，讓心專注在節奏上，節奏就會變得很明顯，其他聲音就好像沒有那麼明顯。一會

兒我覺得可以了，滿意了！就又換一個目標，換到專注在吉他上，發現吉他就比較明顯，其它的就不明顯。然後，再一個個去換，就這樣以遊戲方式訓練自己的專注力，這個時候心的穩定性是很好的。

時刻運用六根修習

平常我隨時會用一些小練習去訓練覺知。譬如有時候會用左手五指頭觸碰右手五指頭，覺知十個手指頭的感覺，然後一個一個的去感覺。如果把注意力放到一個手指頭上，這個手指頭的感覺會更明顯，然後就把注意力換到另一個手指，再換一個手指，又換一個手指，就這樣不斷練習。

如果心有興趣的話，其實禪修的所緣有很多的。吃東西時是個很好的修習時間，因為六個根門都在活動，眼、耳、鼻、舌、身、意六根都打開，可以藉此學習怎樣去覺知不同的所緣。重要的是常要去檢查心的狀態，知道當下在發生什麼。

我們可以用耳朵聽到的聲音作為所緣，眼睛看見的也可以。我以前做生意，偷空練習的時候，會把眼睛閉起來。但人們看到了，就問：你怎麼一直把眼睛閉起來？你昨天晚上沒睡嗎？後來，我就想乾脆

把眼睛睜開,睜開時繼續保持覺知,繼續修行,再也沒有人過來問了。

看的時候,每個東西都可以被視為覺知的對象,例如:眼睛是怎樣去對焦?看看遠的東西,看看近的東西,眼睛是怎樣動的?種種都可以被心去覺知,所有的六根門都可以用,最重要的是我們願意去練習,每一個時刻都想去練習,慢慢的心就把修習覺知變成了習慣。

禪修最重要的是,在自己的生活裡面時時刻刻修習,那才最真實,我們學會了怎麼做之後,這一輩子就繼續這麼做。在真實的生活裡面最能看見、瞭解真正的煩惱,這樣真正的智慧才可以生起。去禪修中心的目的是學習修習方法,怎樣好好觀察?學會了怎麼樣觀察後,就在家好好應用。

禪修並不是有空閒的時間才修行的,在繁忙的時間也可以修行。以前是在放假的時候才修習、學佛法,從現在起是平常也要修學。

覺知是你的朋友，無論到哪裡都帶著它，它會照顧你的。如果心帶著覺知，你就知道生命中的每個當下應怎樣做，怎樣生活？好好地生活。

每件事情帶著覺知要做，不帶著覺知也要做；不帶著覺知就是在愚癡當中做，不知道自己在做什麼？這與帶著覺知去做的效果是很不一樣的。在同樣一件事上，即使是簡單的事情，例如我們每天都要刷牙，在愚癡當中做，在生命中是沒有意義的；但是如果可以用作培養覺知、培養智慧的所緣，這件事就很有意義了！如果能如實地觀照，慢慢的你會看到觀照的心和所緣是兩個不停在生滅的東西，慢慢明白身心不是恆常不變的。

在日常生活裡面我們需要計劃、思惟、分析等，沒有智慧的時候，我們會帶著擔心、貪心、瞋心去思惟；如果用正思惟去想事情的話，煩惱則不會生起。

我以前做生意的時候，當有情緒時，就去洗手間關起門，簡單地覺知身或心的感受，讓心緒平靜下來。如果心不能鎮定地面對一些場合時，可能要

先離開，讓心平靜了再回來，最好的地方是洗手間，那裡沒有人會打擾你，雖然氣味不是很好，但是沒關係，心的平靜更重要。

面對不如意的事，我們怎樣保持心的平穩？這是之前就要做好準備的，平常就要好好培育強而有力的正念與正見，當不如意的事情發生時，才能以平穩的心去面對。以平穩的心去面對不如意事情的能力並不是佛陀能給予我們的，佛陀只能指出道路，教給我們方法，但要靠我們自己去好好準備。

我們要照顧好自己的心，才能解決外在的問題，別人的問題。而在進行之前，要計劃怎樣做？用怎樣的心去做？心態很重要，在做之前要檢視自己的心態，以正確的心態去做事情，不要帶著貪瞋的心態去做事情。

有一次我母親和姐姐吵架，兩人已經吵得大哭大叫，完全失去理智了。

這時候，我想去勸架，就像失火，要去救火一樣。此刻就得想，怎能讓自己不要被火燒著呢？要

救火，先要穿上著防火衣，先要把心安定下來，檢視自己的內心，在介入勸架之前，不要帶有自己的想法(她對或她錯)或偏幫任何一方的心態，完全不能有自我。在這種情況下，外在所緣很強，心百分之五十是放在勸架上，百分之五十是放在自己身上。如果心失去平衡，就要馬上把更多的心力用作觀照自己的心，讓它平靜下來。

我母親也禪修的，我先把她拉開，勸她觀呼吸，她就乖乖照做了。但我姐姐就比較難勸，因為她有躁鬱症，很難平靜下來。當媽媽平靜了，姐姐又跑過來罵，媽媽又忍不住還口，然後又吵起上來，所以這個過程不是拉開姐姐，就是拉開媽媽。

在這個過程中，我一直觀察著自己的心，所以沒有被火燒到。家庭的互動是很好練習觀心的時候，因為在實際經驗中練習覺知，我們會更瞭解如何平衡自己的精進力？怎樣觀照所緣？這都會令心更強壯。

教育下一代

跟孩子溝通的時候最重要是看自己有沒有貪心？有沒有瞋心？檢視心是不是平和的，還要看孩

子們的需要。用慈悲的心，平和的心去看待他們，
幫助他們。

如何在日常生活應用正見

在日常生活中，少不免都會生氣，是吧？那麼，
如果帶著正見把生氣（瞋心）看成是自然法的話，心
就不會因為生氣而生氣。

我們應多關注：自己的感受、感覺，多觀察心。
這樣，我們就能看見自己哪一個地方做得不對？哪
一個地方比較弱？倘若有事情發生時，就不會去投
訴說別人不好、不對，因為我們能看見自己的不足
之處。

適宜正知

在日常生活與人溝通，要適宜正知。要自己去
衡量環境，應不應該說，適不適合說，說什麼，什麼
時候停止......等等。環境怎樣，其他的因緣條件怎
樣？慢慢地在任何情況下心就會知道應怎樣做。當
心觀察到的時候，我們有一個選擇，需不需要做，需
不需要說？需要做的話，我們繼續做；若是不需要
的，就要改變那個行為，這是智慧的選擇。

覺知是你的朋友，
無論到哪裡都帶著它，
它會照顧你的。

　　在禪修過程中，當自己得到利益時，自然想要告訴別人，和別人分享。如果沒有覺知到這個念頭，我們就會一廂情願地讓他人也去禪修。但是如果其他人沒有興趣禪修，或禪修的因緣條件未成熟，那就不如不說，因為對他人來說一點價值也沒有。所以在說話之前，要有覺知和智慧，知道我們想說什麼，要在適合的時候說。關於法，更要小心，要覺知自己想告訴別人的念頭，如果在不適合的時候講法，那是沒有意義的，有時候反而會有反效果。

　　經過十天，在禪營的禪修結束了，但在「家」的禪營才真正開始；在禪營學到的，就要在家中應用。

　　就像學習任何體育運動一樣，禪營就像集訓，在密集的環境下集中學習技巧，回家後就是真正的比賽。例如拳擊，練習的時候打沙包，沙包是不會還手的。但是一上擂臺遇到真正對手時，缺乏練習的話，我們就只能走到角落躲起來。在禪營中生起的煩惱只是沙包，日常生活中的煩惱才是活生生的對手，它們來了，我們就想轉移視線，上網、找東西吃等等，當煩惱從四方八面打過來，人們就只想逃走。

在禪營中的煩惱就如沙包一樣弱，在日常生活中煩惱是會還手的。在禪營中我教大家怎樣對付煩惱，或在拳擊賽暫停時，像教練在旁邊教你這樣打、那樣打，這時禪修者回答：「明白明白，好好好」。但回家的擂臺上，就亂打一通了。很多禪修者都是這樣。你們回家後跟煩惱對戰，我可不在場，一切都要靠自己。

　　在家裡的生活，心真正的有苦、有煩惱，不是在禪修營。因為在家、在外面，我們面對真實的世界、真實的場境情況、真實的煩惱，因此，我們練習的時候就要真的很用功，就像拳擊一樣，不要被煩惱打倒。在家練習，面對家人和工作的時候，要保持覺知，應用智慧，這才是正精進、真智慧。

「家」是很好的修習場所

　　為什麼在日常生活中，煩惱會那麼多、那麼重？你離開了禪營後，會去那裡？

　　回家！誰的家？我的家。那麼，是「我的家、我的家庭、我的工作」，對嗎？像我的爸爸，他有九個兒子，一個女兒，並且有三十個以上的孫子、孫女。在他的世界裡，有很多東西都是「我的」，譬如說：

「我的妻子」、「我的兒子」、「我的女兒」、「我的孫子」、「我的孫女」......數也要數半天。這個「我」的範圍很大，還有「我的生意」、「我的朋友」，就算他看到一隻拖鞋，他也會想是「我的拖鞋」。

當你回家後，你就會開始想「我」，無論你看到什麼、聽到什麼、嗅到什麼，只要是這個家的東西，都是「我的」，邪見（或錯誤的見解）因此加深。

自我意識是很強的。當你在家的時候，「我執」就更強了，所以會生起更多更強的煩惱。這時候，你需要份外的精進，否則心就會受苦。

在你的經驗中，在家時，還是在外面時覺知比較強？

當你在家的時候，很多時覺知會比較弱，因為心完全放鬆，所以很多煩惱就會出現。

在生活中，誰會導致你生起最多的煩惱？其實，除了與「你」有關的人之外，沒有其他人能令我們的心生起煩惱。

不相干的人多久才能讓你痛苦一次？只有家人，或者任何與你親近的人，才會常常讓你痛苦。

比起在家中，在外面時反而會有更多正念，更多善心與善法。但是回到家中，我們就不管了，所以

在家裡煩惱最多。我們傷害、或被傷害得最多的，也是我們的家人。所以與家人共處時保持覺知是更重要的。

因為我的家庭很大，所以我們小時候都不太親近，關係不密切。但後來我們大家都禪修，長大了，心越來越成熟了，也變得越來越親近，大家會珍惜、關愛對方。

家人是很好的練習對象。因為面對家人時，會不停重複出現類似的所緣，不是貪愛就是憎恨，這些煩惱整天都在發生。如果我們跟家人互動時，提高覺知，每當有情緒出現就反覆問自己「為什麼」，這樣我們慢慢會越來越瞭解自己，每天我們都可以學習到很多東西。

無論是在家中，或是在工作中，肯定有些人會常常讓你生起煩惱，令你緊張、有壓力等等，怎麼做好呢？就是要從中學習。

如果周遭所有人都禪修，那就很好了。特別是在家庭中，如果生氣，快要吵架時，你觀你的心，我觀我的心，每人先管好自己，就沒有問題了。問題是很多人都不去照顧自己，或者不懂得照顧自己。他們覺得問題是在別人身上，不去觀照自己的心，所以當

你現在學會了禪修，就要盡量多在日常生活練習，盡量去做。

修持平等心

人的心很奇怪，在親密關係中，總是想「越執著越好」，否則就好像對方不太愛自己。但如果執著對方時，對方會苦，如果你真正愛對方，就應想讓他快樂，少一點執著，雙方都會更自由、更快樂。

真正的慈心是無條件的，無論你好或不好，有沒有缺點，生病也好、不如自己所願也好、死了也好，慈心還是同樣想對方好的。

有些人誤會，夫妻之間、伴侶之間，如果兩個人都很精進禪修，會不會大家都很有「平等心」，沒有「貪愛」，那就沒有愛情了？很多人都有這種恐懼。其實並不是這樣的，真正的禪修是常常觀照自己的心，煩惱自然減少，善心也同時自然增加。慈心（無條件的關愛別人）就是善心，所以兩個人的關係會更好，不會因此而距離遠了，或沒有了愛的感覺。

有些禪修方法很強調平等心，只要觀照感覺、感受，它們就消失了，這是因為專注力很強。其實，當專注力很強的時候，就會壓抑了自然的感受，反而

真正的平等心是因智慧而生的。

什麼都看不到，因此失去了從中學習的機會。真正的平等心是因智慧而生的。

在工作中禪修

有些人說：「我很愛喝酒，但我又很想禪修，怎麼辦？兩者好像有些矛盾。」我說：「沒關係，酒可以喝，但該禪修時還是要禪修。」他們開始禪修後，心的品質慢慢提高，酒就會越喝越少了。很難要求他們馬上改變自己，如果跟他們說：「禪修不能喝酒。」他們就可能根本不會開始禪修。

有人來找我，說很想禪修，但沒有時間。我問他：「你一天之中，一個小時都沒有嗎？」他說沒有。「半個小時呢？」沒有。「十五分鐘呢？」也沒有。「那一分鐘有嗎？」他說：「一分鐘有。」我說：「好，那你每個小時抽一分鐘出來，只是觀呼吸。」

這個人就在上班時，每個小時抽一分鐘出來觀呼吸。八小時後就是八分鐘了。他那天下班後就發現心跟平常不一樣，平靜了，也輕鬆了。

平時如果沒有覺知，壓力、迫切感越來越多，身體也可能越來越緊張，每小時用一分鐘禪修其實是一種舒緩、調節，心也可以得到休息，所以一天下

來就沒有那麼累。如果沒有這樣做，心有可能因疲累而變得暴躁，當帶著暴躁的心回家，就像帶著一個炸彈一樣，一遇到不順的事就會向家人發脾氣。

這個人從這樣的一分鐘禪修，開始看到禪修帶來的利益，他看到禪修如何幫助他的工作更加有效率，精神更集中，他就慢慢、自自然然把時間加長，一分鐘、二分鐘、三分鐘……到現在，他已經變成整天都保持覺知，他的練習已經是在日常生活當中了，這是非常有利益的例子。

面對衰老

有個美國禪修者曾經跟我說他怕老。為什麼？是因為心、心智（心力）會越來越弱嗎？我想，不對啊，心不會越來越弱，那麼是什麼越來越弱呢？人年紀大了，不是心智越來越弱，而是善心越來越弱。心的善法越來越少的話，平常的貪瞋癡自然就會增長，無明和愚癡就越來越強，結果人老了，煩惱就越來越多。

如果我們持續地去培養善心，不善心會越來越減少，而善心變得越來越強的話，年紀老的時候就會越來越平靜、安詳、成熟，越來越有智慧。我

169

們應該見過這樣的人，見到這種很安詳、平和的老人，就覺得開心。

現在自己雖然還未老，但對自己的老年要有信心，作為一個年紀大的人，能保持平靜、安穩、安詳的心情是很不容易的，因為身體衰退，多病、眼力衰退，各種問題漸現。依靠別人不如靠自己；人老了就有很多的不便，所以要在健康時，好好培育善心，這樣才能在老年好好保持平和的心境。

善心善行

經常有人說自己是好人、做好事，但在行善的過程中他們真的看到自己的心是怎樣的嗎？覺得自己在做好事的時候，有沒有看到自己的煩惱？有沒有看到心的狀態？有沒有觀到自己的貪心？

曾經有個禪修者在禪營洗廁所，服務大家，表面是在做善事，但他觀到自己的心，希望別人表揚自己，稱讚他真偉大；他觀察到心是有欲求的去做，看到心的狀態是不平靜的，他在乎別人怎麼看自己，別人是否看到他，心並不安穩，不平靜。表面是善事，其實善業是從動機出發，如果動機不良，那並不是善事，他看到自己的不善的心，是貪在背後

推動他去做這件事。他馬上說：這種心要不得。於是，就全心全意的去洗廁所，這樣做的時候就有很大的法益，把廁所洗乾淨了，心也覺得很開心、很滿意，這就是善心，就是善業。不是為了要人表揚他，整個心在善的狀態中，就是他的回報。

緬甸的傳統，很講究去做善事、做好事，如果你問一個婦女，她可能說，我做了很多善事，供僧、捐款等等……；但如果問她，在做善事的過程中心是怎麼樣？是不是在善的狀態中？很多情況下往往並不是。表面在做善事，供僧、服務、清潔，但心的狀態不一定是善的，所以行善是以心來衡量，觀察自己心的反應和結果。我們應會站不同角度去看事實，這樣心才會成熟，見解才會完整，而不是片面的。

面對死亡

生死是自然法則，有生必定有死。因此，我們必須正確地面對。正因為有一天我們會面對死亡，所以在活著的時候要多做一些好事。

為什麼我們會怕死？是因為我們認為這個身體，這個心是一個不變的自我，而對這個自我有所執著。

171

　　當智慧增長，心慢慢會明白，身體的現象是受因緣條件所影響的，明白了慢慢就不會怕死亡。「死」也不是件容易的事，有些人很想死也死不了，所有事情的發生都是因緣法，都是因果，要所有的因緣條件具備了，果才會產生。

　　很多人臨終時完全不能接受，心裡很掙扎、不想死。但如果有智慧的話，臨終的時候心能平靜，沒有苦。其實，「死」不是當下馬上發生的事，好好地修、好好地生活、好好地過一個有意義的生命，快樂的一生，比擔心死更重要。

　　如果你的一生活得有意義，用生命培育智慧，那麼到死那一刻，肯定不會太痛苦。因為如果心一直都在培育善法的話，到臨終那一刻，只是色身死了，但善業、智慧還會繼續在下一期生命發揮作用，好讓下一期生命繼續好好生活、修行。

用慈心待人接物

　　如果心是善的，看世界也是善的；如果心是抑鬱的，看東西都是抑鬱、消沉、不好的，所以好的、不好的都在自己的心裡。對內是修內觀，對外面、對其他眾生我們則修慈、悲、喜、捨。

慈心是一視同仁，希望眾生安康；對於受苦的眾生，我們就以悲心對待，希望他們離苦；對於有福的、幸運的人，有很好收穫的人，希望他們繼續好、更好，那就是喜心；對於我們無能為力的，就接受現實，這就是中舍心。以這種心態對待，就不會傷害別人，心是友善的。

不要戴有色眼鏡待人

待人也要如實觀，看到他的好就是好，善法就是善法，不善法就是不善法，不要以偏概全。例如遇到一個陌生人，雖然不認識他，但一見就喜歡他，因為有先入為主的印象，觀念和感覺。但有些人一見就不喜歡他，這亦是因為有先入為主的感覺和思想。但也有些情況，見到一個人時完全沒有感覺，無知無覺，這是愚癡的表現。

那應該如何做呢？見到一個人或一個事物，不應該先入為主，應該用開放的態度去認識，給這個人、事物一個公平的機會，是好是壞，讓心如實的觀察，再做判斷，不要自己先騙了自己，事實往往不是這樣，不要剛開始就說這個人肯定是黑的或白的，不要自己先行判斷，應懷著開放的心去認識。

想起了一個故事，我有個親戚在美國做醫生，剛開始比較輕率，沒有防衛的心，該怎麼做就怎麼做，結果他就被一些病人控告了，美國醫生一旦不小心講錯一句話都會被告，還要打官司、做賠償，是很頭疼的事。不只美國，香港也是如此，所以講話要小心翼翼。後來只要有病人進來，這位親戚醫生會先仔細的觀察病人，他會不會控告我？首先做評審問病，先瞭解這個人是真的病人？還是假的病人？剛開始他不會問病，先論證是真的還是假的病人？所以我們不要先入為主，要如實觀，對於我們不知道、不瞭解的要先溝通。如果現在有個陌生人來了，心可能就不會平穩、平靜，因為有很多的不知道，想瞭解，心自然就有些起伏和不安。

　　以前有個多年不見的老朋友，再見面的時候，我發現自己的心也是起伏不定的，有種生疏感，好像陌生了，不認識了，有很多的不肯定，不能像以前那麼熟絡，也不能像以前那樣容易溝通，如實觀察就知道心原來是這樣的。人是會變的，心也會變的，隔了一段時間不見，再見時有時候我們會感覺到這個人還像以前那樣；但也有很多久而沒見的熟人，再見的時候大家的感覺都變了。

所以不要一概而論，心是每時每刻都在變，不一定是不善法比善法多，你說這人只有百分之一的時候是善的，但不要忽略那百分之一，不要給別人定型說，你永遠就是不好的；因為心每時每刻都在變。

不要帶著有色眼鏡去看人與事，應就事論事，當下是怎樣的？我不鼓勵人盲目的接受或相信、或不相信，要看實際是怎麼樣才重要。

禪修者的工作

最後要提醒大家，禪修者只需做三件事情，不需要做太多。

第一，是要有正見，當下無論發生什麼，知道它是自然法。

第二，覺知當下的這個自然現象。

第三，持續保持覺知。

第一個正見是智慧，第二個覺知是正念，第三個保持覺知是正精進。智慧、正念、正精進是三種因，我們只須做這三件事情，這是禪修者的工作。持續每時每刻地去做。

要記得每個當下都是禪修的時刻。

如果我們照顧好法，法就會照顧好我們，這是佛陀的教導。法是什麼意思呢？法就是心的品質。我們去照顧好心的品質，法的心，禪修的心，覺知、正定和智慧的心；當我們每時每刻都很小心地照顧好心的品質，心的品質變得越來越強的時候，這心的品質就會照顧我們。生活上的任何困難、問題，這心的品質都可以幫助我們解決。

　　我們所謂的「一切都是法」意思就是我們的心要和法相應，時時刻刻都帶著法的心，覺知和智慧的心去生活，去看待一切。當覺知、定和智慧增強了，煩惱就會減少。當煩惱真的變得很少，那時候的心的質素是大家現在無法想像的。雖然我也未完全瞭解，但在日常生活中有一些體驗，以前我的生活中有很多問題，但慢慢隨著心的品質的提高，再沒有問題了。發生的一切都不是問題了，只是經驗。經驗是無法避免的，從早上起來到晚上睡覺，一整天有很多的所緣，很多的經驗。以前這些經驗全是問題，現在全都不是問題了，你可以想像嗎？生活中的所有問題都不是問題了，我無法形容這感覺有多好。

　　我們必須明白禪修的價值、益處；就像賺錢一樣，想賺錢的人每天想著怎樣賺錢。法也是一樣

的，我們要想怎樣提高心的品質，怎樣持續的去覺知，培育智慧。能達到這樣的心的品質是真實的，是可能的。我希望大家都能達到這樣的心的品質，所以我再次鼓勵大家持續的修習，有一天我們的心都可以達到高尚的品質。

《從覺知當下的心出發》

著者：德加尼亞禪師（Ashin U Tejaniya）

主編：梅斯清

編輯：鄭錦鳳、謝姿揚

審稿：謝姿揚、梅斯清

設計：華宇文化傳訊有限公司

出版：華宇文化傳訊有限公司

地址：香港九龍灣臨興街32號美羅中心一期18樓1823室

電話：+852-3116 2600　傳真：+852-3116 2663

電郵：pr@sinocultures.com　網站：www.sinocultures.com

台灣代理經銷：白象文化事業有限公司

地址：401台中市東區和平街228巷44號（經銷部）

電話：+886-4-2220 8589 傳真：+886-4-2220 8505

印刷：基盛印刷工場

版次：2017年3月，第一版
　　　2017年6月，第二版
　　　2020年5月，第三版

鳴謝：

董京生居士及家人　　　　北京行者禪修會

李偉俊、張磊、林谷、李慶威、袁曉微、何權津、趙慶梅、呂偉克、王玲、卞江、田恒、李天蕊、趙敬丹、張佩琦、常思賢、楊銳、楊小妹、胡慧儀、王麗亞、陳美容、朱麗珍、鍾進取、任瑞華、周建穗、張彩庭、何夢玲、鄭錦鳳、謝姿揚

定價：新台幣240元 港幣58元